Karin Boye

DIKTER

Verba volant, littera scripta manet..

Dikter hämtade från Karin Boyes: Moln (1922), Gömda land (1924), Härdarna (1927), För trädens skull (1935) och De sju dödssynderna och andra efterlämnade dikter (1941).

Diktsamlingen är framtagen genom Arbetsmarknadsenhetens (Ludvika Kommun) Text- och bildverksamhet.

Texbearbetning och design: Per-Ragnar Fredriksson och Ingela Johansson

Omslag © 2019 Ingela Johansson
Foto © 2019 Per-Ragnar Fredriksson

Förlag: BoD – Books on Demand, Stockholm, Sverige
Tryck: BoD – Books on Demand, Norderstedt, Tyskland

ISBN 9789176990094

Karin Boye

Moln (1922)
Gömda land (1924)
Härdarna (1927)
För trädens skull (1935)
De sju dödssynderna och andra
efterlämnade dikter (1941)

Innehållsförteckning

En kort biografi om Karin Boye

Karin Maria Boye (under en period gift Björk) föddes 26 oktober 1900 i Göteborg och avled natten till den 24 april 1941 i Alingsås. Hon var en svensk författare, poet och översättare som är mest känd för sin poesi, men skrev även ett flertal romaner, noveller och artiklar. Av hennes prosaverk har romanen Kallocain blivit mest uppmärksammad.

Hennes far Fritz Boye och hennes mor Signa (född Liljestrand) kom båda från välbärgade familjer. År 1907 började Karin i Mathilda Halls skola i Göteborg. Hon hade höga betyg i skolan. Hennes syskon var Sven och Ulf. Fadern bytte anställning till en tjänst i Stockholm, och familjen flyttade därför dit 1909.

År 1915 bosatte sig familjen i Huddinge. Där i en skogsbacke med björkar, rakvuxna furor och ekar hade det byggts en högrest villabyggnad, faluröd med vita knutar och listverk. Familjen gav sin nya boning namnet Björkebo. Där skrev hon mycket ungdomslyrik, noveller och teaterpjäser samt ritade och målade akvareller. Mindre känt om Karin Boye är att hon målade mycket personliga akvareller med mytiska figurer. Dessa kom senare att uppta ett helt rum på Prins Eugens Waldemarsudde.

Karin Boye avlade studentexamen vid Åhlinska skolan i Stockholm 1920, och folkskollärarexamen 1921. Därefter begav hon sig till Uppsala för att studera grekiska, nordiska språk och litteraturhistoria. På ett kristet sommarläger i Fogelstad hade hon 1918 träffat Anita Nathorst, som hon kom att återse i Uppsala. Hon tog en filosofisk ämbetsexamen vid Stockholms högskola 1928.

1922 debuterade hon med diktsamlingen Moln. Sedan följde diktsamlingarna Gömda land 1924 och Härdarna 1927. Den första romanen, Astarte, fick pris i en nordisk romanpristävling 1931.

1927 blev Karin Boye medlem av den socialistiska tidskriften Clartés redaktion. Hon var också med och grundade tidskriften Spektrum. Hon kom också att bidra med en del av kapitalet för detta initiativ (hennes far hade avlidit 1928 och de ärvda pengarna från honom gjorde henne ekonomiskt oberoende under några år).

Efter en djup depression lämnade Karin Boye Stockholm för Berlin 1931, där hon gick i psykoanalys. Hon bytte stil, blev slankare, färgade håret svart, sminkade sig och uppträdde emellanåt i herrkläder. Sedan Karin Boye avgått som redaktör för Spektrum försörjde hon sig genom att arbeta med översättningar och skriva veckotidningsnoveller omväxlande med större litterära verk. Hennes äktenskap med Leif Björk upplöstes under Berlinåret (Karin Boye var gift med Leif Björk 1929–1935). När pengarna tog slut reste hon tillbaka till Sverige. Hon manifesterade sig som Den Nya Kvinnan genom att leva öppet lesbiskt. En ung judisk flicka, Margot Hanel, som hon mött i Berlin, flyttade in hos henne 1934 och de kom sedan att leva tillsammans i princip fram till Boyes död – detta vid en tid då homosexualitet fortfarande var ett brott i Sverige.

Karin Boye arbetade som litteraturkritiker på tidningen Arbetet och senare på Social-Demokraten och åren 1936-1938 på Viggbyholmsskolan. Bristen på tid för eget skrivande blev dock pressande och avsaknaden av erkännande tyngde. Hon utvecklade ett tvångsmässigt beteende med självmordsförsök, men såg alltid till att lägga ut ledtrådar för att kunna räddas.

Karin Boye avled efter en överdos av sömntabletter efter att ha lämnat sitt hem den 23 april 1941. Hennes livlösa kropp hittades vid en stor sten på en kulle norr om Alingsås där hon av allt att döma valt att lämna jordelivet. Hon vistades i Alingsås för att hjälpa väninnan Anita Nathorst, som var döende i cancer, och Boye var att döma av egna brev och senare uttalanden från vänner som mött henne i ett ibland pressat, allt mer labilt sinnestillstånd under sina sista månader. Karin Boye är begravd på Östra kyrkogården i Göteborg.

Källa: www.wikipedia.org, www.karinboye.se och www.skbl.se

Moln
(1922)

Moln

Se de mäktiga moln, vilkas fjärran höga toppar
stolta, skimrande resa sig, vita som vit snö!
Lugna glida de fram för att slutligen lugnt dö
sakta lösande sig i en skur av svala droppar.

Majestätiska moln - genom livet, genom döden
gå de leende fram i en strålande sols sken
utan skymmande oro i eter så klart ren,
gå med storstilat, stilla förakt för sina öden.

Vore mig det förunnat att högtidsstolt som dessa
kunna lyfta mig upp, dit ej världarnas jäkt når
och hur vredgat omkring mig än stormarnas brus går
bära solskimrets gyllene krans omkring min hjässa.

En buddhistisk fantasi

Upplåst är världens kopparport.
Högt i dess portvalv står jag här,
och vad jag ser är ändlöst stort, och
ingen syn så ändlös är.

Hur djupt jag ser, hur långt jag ser,
min blick får ej det minsta stöd.
Allt vad jag vet finns där ej mer - ej
stort, ej smått - ej liv, ej död.

Ett enda steg på spårlös stig,
och återvägen är mig stängd...
Vi rysen I? Upp, följen mig!
Ty alltets kopparport är sprängd!

Nattskärran

Halvvaken ruvar sommarnatten
stilla på drömmar, dem ingen vet.
Tjärnarnas blanka vatten
spegla en skymningshimmels
bleka oändlighet.
Stjärnorna vitare bli.
Fjärran, fjärran
nattskärran
sjunger ensam sin tonlösa, tröstlösa vaggmelodi.

Aldrig djärvt bron mot höjden svingar,
svävar lågt för sin låghets skull.
Duniga skymningsvingar
tyckas bundna vid jorden,
tyngda av stoft och mull.
Ve den, vars vingepar
ej kan sig höja,
blott dröja,
övermäktigt draget mot dyn, vars färger det har.

Men den vitaste vita bland svanor,
som i morgonens ljusrymd far
sina kungliga banor,
hyste aldrig en längtan
sådan som skärran har.
Ingen kan längta så
mot det fjärran
som skärran
mot det evigt vinkande, evigt vikande blå.

Till en sfinx

Du liknar snäckan i kylig damm,
där aldrig solstrålar strömma.
Hon kryper aldrig ur skalet fram,
hon kan ej fängelset glömma,
hon kan blott gömma
sitt djupsta väsen
och stordåd drömma
bland vattengräsen,
men aldrig helt
och ouppdelt
sig själv i ord eller handling tömma.

Ditt tal är bräddat med ironi.
Du söker skyla
med låtsad kyla
den livets värme, som bor däri.
Men rösten bävar
i sällsam vekhet.
En rodnad svävar
bakom kindens blekhet.
Ett eldhav brinner
i hemlighet
där ingen vet,
dit ingen hinner.

Du är för spröd och för känsligt vek
för alla missljud som skära:
du måste pansar bära
i livets hårdhänta lek.
Du liknar snäckan i kylig damm,
som aldrig kryper ur skalet fram,
så ouppnåelig,
så oförståelig,
att ingen kommer dig nära.

Idea

Här går jag icke. Detta är ej jag.
Detta är en ljungande spegelbild bara,
spörjande och undrande var jag månde vara,
längtande att möta sin verklighet en dag.

Sagan förtäljer: långt i fjärran land
flyter en speglande flod ur osedd källa.
Tusende väsen, heliga och sälla,
luta sig som liljor över strandbräddens rand.

Ljus utan gräns omvärver deras drag,
luften dallrar mättad av en skönhet utan like.
Det är de fullkomliga andarnas rike.
Där står i evig glans mitt verkliga jag.

Spegelbilden syns ej i glittrande älv.
Den har en gång ryckts bort av vreda strömmen,
vandrar omkring, overklig som i drömmen,
ofärdig, sönderbruten, sökande sig själv.

Hör jag ej flodens fjärran böljeslag?
Djupt ur mitt innersta djup dess vatten flyter.
Där, varest livets våg i dagen bryter,
bidar mig dolt mitt gudaborna jag.

Aftonbön

Ingen stund är såsom denna,
kvällens sista, tysta timma.
Inga sorger längre bränna,
inga stämmor mera stimma.

Tag då nu i dina händer
denna dagen som förflutit.
Visst jag vet: i gott du vänder
vad jag hållit eller brutit.

Ont jag tänker, ont jag handlar,
men du läker allt och renar.
Mina dagar du förvandlar
så från grus till ädla stenar.

Du får lyfta, du får bära,
jag kan bara allting lämna.
Tag mig, led mig, var mig nära!
Ske mig vad du sen må ämna!

Vägskäl

Ljus såg jag lysa, ja, gudaljus på de eviga topparna.
Saliga vandrade där i en bävande mystisk glans,
genomlysta av Gud som av solen de fallande dropparna,
genomlysta av vilan i världar, där tid ej fanns.

Ve mig, min fot är för tung för de svindlande höga stigarna,
ve mig, som danats av mull och vars tanke är stål och sten!
Aldrig jag finner en plats bland de drömmande saliga tigarna,
aldrig min hjässa skall krönas av skådandets helgonsken.

Dig vill jag söka, min Gud, i det enkla, det gråa, föraktade,
dig vill jag söka i världen, i vardagens strävan och id.
Himmelens gyllene stillhet, varefter mitt hjärta traktade,
är den förmer än din möda, din heliga, brinnande strid?

Herre, din sällhet är din. Du gav, och du tog, och du döljer dig.
Giv vad du bjuder - ej ro, men din kamp, och din ande därtill.
Herre, på världens slagfält som svärd eller båge jag följer dig.
Giv mig en tron, om du önskar, eller ett kors, om du vill!

Det bästa

Det bästa som vi äga,
det kan man inte giva,
det kan man inte säga
och inte heller skriva.

Det bästa i ditt sinne
kan intet förorena.
Det lyser djupt där inne
för dig och Gud allena.

Det är vår rikdoms råga
att ingen ann kan nå det.
Det är vårt armods plåga
att ingen ann kan få det.

Morgonsång

Detta är livets tigande timme,
solig och salig,
skrattande vit i maktmedveten ro.
Jublet och sångerna tystnat,
ty Glädjen steg över bräddarna.
Hell dig, Glädje, Glädje,
i ditt tysta, självhärliga löje!
Du allena kan pejla
världarnas hemlighet.

O bubblor, bubblor, o skum, skum
är all vår oro, all vår klagan,
ja skum på omätliga vidder,
bubblor på oceanen
är det som vi jaga och vårda och frukta,
men Glädjen, Glädjen är världens grund.

Hur vågar jag...? Och dock!
Tror du att livets blomma,
tusenfaldigt av lidande ristad,
skulle alltjämt i mörkaste mörker
lysa i skönhet trots allt,
om ej dess rot och hjärta vore
tungt, jag bräddat av salighet?

O bubblor, bubblor, o skum, skum
är all vår smärta, vår blinda klagan.
Glädjen ensam vet mer än andra.
Ja, i dess heliga vita stunder
vilar i bladens dallrande dager
återskenet av gudomsdjup,
leende, leende.

Som flodvågor, som åskbyar
höljer mig dagens oro snart.
Låt mig minnas i gråt och gråhet,
att klarhetens bländande ögonblick
tvang mig säga till livet och döden,
till hela världen och även till mig:
"Amen, amen,
ske alltså!"

Tidig vår

(En tavla i för-renässans)

En slöjlätt dimma över ängen står,
och pärlgrå dagg bestänker bleka blad -
en vårlig morgon, sval och vemodsglad,
då luftig blom slår ut från dävna snår.

I gräset glimmar matt narcissers rad.
Från spröda kalkar sprids en doft av vår,
när över dem med drömska blickar går
en gosseädling ifrån Arnos stad.

En undrans lycka vilar på hans drag.
Hans gång är full av tafatt vekt behag.
En bok han bär så varsamt som en vis.

Han märker knappast ängens paradis,
men stirrar aningsblek som vårens dag
mot gåtfullt fjärran, gömt i morgondis.

En målares önskan

Jag ville måla ett ringa grand
av slitnaste vardag, så nött och grått,
men genomlyst av den eld, som förmått
all världen att springa ur Skaparens hand.
Jag ville visa, hur det vi försmå
är heligt och djupt och Andens skrud.
Jag ville måla en träsked så,
att människorna anade Gud!

Till en okänd efterkommande

Jag bröt mitt bröd, som andras hand fått baka,
och drack mitt vin, som jag ej själv beredde.
De, som haft mödan, fingo aldrig smaka
dess frukt, förrn de på mörka vägar trädde.

Vad jag har sått, skall du i morgon skörda.
O må mitt säde hundrafaldigt bära!
De bära fröjd, som bära andras börda,
de skära liv, som andras skördar skära.

Inåt

M i n Gud
och m i n sanning
såg jag
i en sällsam stund.
Mänskors ord
och bud tego.
Gott och ont
min själ glömde.
M i n Gud
och m i n sanning
drack jag
i min ängslans stund.

Min Gud
var salt mörker,
min sanning
hård metall.
Djupt skalv jag.
Naken stod jag,
sköljd av vågor
kall, stark,
föraktfull sanning -
m i n Sanning
och m i n Gud.

Barfrost

Guld och blek koppar! Rimfrost på guldbruna gärden!
Glittrande kall är den vida gyllne världen.

Solflod och guldflod jag ser genom molnen sig tvinga,
skrattande kylig som viljornas vässade klinga.

Leende trotsig den fram genom rymderna bryter,
strålgul och frostig kring ängar och gärden den flyter.

Hör, den får ljud, och det jublar i vidderna klara!
Hör, hur all världen får sjungande röst till att svara!

Slagen och sargad och skövlad väl tusende gånger
sjunger hon trotsigt den eviga livslustens sånger.

Vårens väntan

Går jag ej här rusig av rosendoft
- ändå ha inga rosor kommit! -
Skälver ej allt höljt i gudomligt skir?
Hemliga löften dagrarna viska.

Fjärranifrån nådde mig nyss en vind,
lätt som en återhållen andning,
fylld av en blyg bävande väntans doft.
Allt sedan dess ett under jag anar.

Intet jag vet - går som i fjärran land,
går som i dröm, i dröm om rosor.
Allt är som förr - likväl är allt förbytt.
Sällsamma gåtfullhet över tingen!

Önskenatt

Om någon stjärna lossnar
och segnar vit genom luften,
då fyller hon, sägs det, var bön, som når
den korta glimrande banan.

Jag väntar och väntar. Det är april,
en ljum och lyhörd natt i april,
då gräset växer och stjärnorna lyssna -
de gå så lugna i natt sin väg,
och ingen enda snavar och faller!

Men om jag somnar, så gör det allsintet:
sliter en stjärna sig lös i natt,
så måste hon känna min bön, var hon sjunker,
fastän jag sover -
ty hela den tysta, tysta natten
är hela den vida, vida rymden
alldeles full av min enda önskan!

O en klinga...

O en klinga,
sviktande böjlig och stark,
o en smidigdansande klinga,
lydande stolt den strängaste lag,
rytmens hårda lag i stålet -
o en klinga
ville jag vara till kropp och själ!

Dig jag hatar,
du mitt usla videväsen,
du som flätas, du som vrides,
lydande tåligt andras hand.
Dig jag hatar,
du mitt lata drömmarväsen.
Du skall dö.
Hjälp mig, mitt hat, du längtans syster,
hjälp mig varda
klinga, ja klinga,
dansande svärd av härdat stål!

Du

Sval är din röst som källors sorl, och ditt väsen
syrligt friskt som höstens doftande frukter.
Klar i ditt öga vilar
höga septembers kyliga munterhet.

Springbrunn är du, vars soligt glittrande stråle,
skön i sin jämvikt, skön i sin formstränga båge,
skön i sin styrka, äger
makten att älska gränser och ädla mått.

Hell ditt lekande lugn, din vårliga hälsa!
Hell din andes ljuva gudomliga adel,
tecknad i dragens renhet
och dina lemmars sjungande harmoni!

Morgon

När morgonens sol genom rutan smyger,
glad och försiktig,
lik ett barn, som vill överraska
tidigt, tidigt en festlig dag -
då sträcker jag full av växande jubel
öppna famnen mot stundande dag -
ty dagen är du,
och ljuset är du,
solen är du,
och våren är du,
och hela det vackra, vackra,
väntande livet är du!

Dröm

Skymning över en okänd stig...
Färglösa mullväxter,
stora svampar
spira ur marken, där ljudet kvävs.
Slingrande kala stammar
sträcka sig upp och försvinna i mörkret.
Hör det hemska suset där uppe,
som aldrig tystnar!

Nyss i solen
sjöng jag på blommande ängar
Pan, Pan, den store Pan.
Hånfullt viska nu
kärrens susande bubblor:
"Här i de hemliga djupens skog,
här är också hans boning!
Vågar du ännu sjunga
Pan, den store Pan?"

Hjälp, min fot sjunker!
Gungfly är marken,
Ruvande lura
svarta vatten, halvt i sömn,
orörliga, outgrundliga,
på mig, sitt rov.
Alarnas ormlika stammar,
vuxna ur våta kärret,
vrida sig kvidande hit och dit.
Ångesten sträcker sig ur dyiga vatten

händer, svarta och knotiga,
lika de fuktdrypande
murkna grenar, där mossan gror.
Hjälp, o hjälp, vilka hemliga
djup, som begära mig!

Likväl - är det ej blommors doft?
Runt omkring över mörka kärr
lysa knoppar,
vita knoppar -
o de slå ut, de slå skimrande ut!
Min fot får fäste bland vita kalkar,
och över djupen far ett sken -
det ljuvaste löje.

Böj dig, hjärta,
böj dig och tillbed!
Här i de hemliga djupens skog
sjunger jag Pan,
sjunger jag bävande
Pan, Pan, den store Pan!

Till skönheten

När våra gudar falla
och vi stå ensamma bland spillror,
så utan fäste mer för våra fötter
som klot i rymden -
då skymtar du ett ögonblick, du höga Skönhet.
Då, endast då.
Så sträng som eld du talar tröst:
"Vad som än faller - jag står åter."
O stanna, stanna, heliga,
och fräls min själ
från lögnen av en måttlös sorg!

Minne

Stilla vill jag tacka mitt öde:
aldrig jag mister dig helt.
Som en pärla växer i musslan,
så inom mig
gror ditt daggiga väsen ljuvt.
Om till sist en dag jag har glömt dig -
då är du blod av mitt blod,
då är du ett med mig -
det gudarna give.

Förmaningen

"Barn!" sade Livet till mig en dag.
"Vad du är ung! En grön liten kart...
Jag vill lära dig ungdomens prydnad:
blygsam försynthet,
sänkta ögon och lågmäld röst.
Gå nu mjukt - gå på tå över ängarna!
Tyst, var tyst - håll andan och lyssna!
Möter dig Glädjen, möter dig Smärtan,
bråka då inte så fasligt (det brukar du)!
Andlöst stilla! Lyssna! Lyssna!
Då skall du kanske
hitta hem till min rosengård."

Tillfrisknande

Du som är kallad vid blommors namn,
nu vill jag ge dig ett annat:
Läkarens Kniv.
Kallt, hårt namn.
Men så blänkande hård
är din bild i de tysta stunderna.
Jag är dömd, när jag ser dig,
dömd som sjukling
inför din friskhet av vårlig morgon.

Det är gott att man våndas och vämjes.
Du är svalkande fri från barmhärtighet
mot patetiska kval.
Fjärran, fjärran ler du gåtfullt.
Jag vill andas din höga luft.
Jag vill trampa de daggiga stigarna,
där du vandrar.

Portarna

Jag älskar de vita bergen, de marmorvita
med pannan sköljd av himlarnas högblåa vila,
och salthavets stormande glitter,
och doriska tempel, och tankens svala kristall.

Men dröjt har jag också vid gläntande portar
och sett dit in i tonande skymningsdjup,
där altarljusens skimmer stilla jublade
mot bävande tid, advent,
medan vintermorgonen stirrade mörk genom välvda fönster.

De ljusa helgon, de som övervunnit,
anandes saliga bortom mörkret,
och Guds längtare
böjde till bön sina knän, ensamma i skarorna,
och sågo med slutna ögon den Endes glans,
själens innersta världar,
och mystiska sanningar lärde de lyssnande.
Om du en gång har lyssnat vid brinnande altarljus,
aldrig glömmer du då Guds tysta blommande örtagårdar -
du kysser portvalvets sten och vänder dig bort.

Ni vita berg, ni marmorvita i bländande sol,
ni älskade fjärransedda, ni mitt hem i aningen,
jag kommer till er!
Liv, det är skära och bryta, att något må växa.
Var och en är så många,
men mer än en väg går ingen.

Hemlös

Att mista själens hem och vandra långt
och intet annat kunna hitta sen,
och finna att man glömt vad sanning är,
och tycka man är gjord av bara lögn,
och vämjas vid sig själv och hata sig -
ja det är lätt, ja det är ganska lätt.
Sorgen är lätt, men glädjen stolt och svår,
ty glädjen är det enklaste av allt.

Men den, som söker sig ett hem för sig,
får inte tro, att det finns var som helst -
han måste vandra hemlös någon tid;
och den som är av lögn och vill bli frisk,
han måste hata sig till det han kan
av sanning, som de andra få till skänks.
Vad är det värt att sörja så för det?
Vänta, mitt hjärta, och ha tålamod!

Om detta livet är det enda.

Om detta livet är det enda..!
O dessa korta timmar...
En timme - vad en timme kan bli mycket!
De djupa källorna, där ingen än har druckit,
ljusvidderna, som ingen än har lodat,
Och vi, vi dåsa slött i feghet.
O dessa korta timmar...
Du gömda möjligheters värld,
du Gud i vardande,
giv oss en oförvägen fromhet,
en vilja ren,
och vig oss in till andens äventyr!

Små ting

Orkar du inte ett steg mer,
inte lyfta ditt huvud,
dignar du trött under hopplös gråhet -
tacka då nöjd de vänliga, små tingen,
tröstande, barnsliga.
Du har ett äpple i fickan,
en bok med sagor där hemma -
små, små ting, föraktade
i den tid, som strålade levande,
men milda fästen under de döda timmarna.

Räddad

Världen strömmar av smuts, tomhet fyller den.
Sår, som dagen slagit, läkas, när kväll är inne.
Lugn, lugn jag huvudet lutar
mot en helig syn, ditt dröjande minne.
Tempel; tillflykt; rening;
helgedomen min!
På dina trappor undan mörkret räddad
trygg som ett barn somnar jag in.

Uppvaknande

Livet får en annan färgton -
skälvande, skälvande lyss det och tiger,
när likt skimret från Vätterns sten i sagan
tanken på dig ur djupen
genomglödgande helt all världen stiger.
Nyvaknad ser jag verklighet,
där dov dröm nyss tyngde mig.
Luften är levande, liv andas jag,
liv av dig, av dig.

Förklaring

I din skönhet sänkt
ser jag livet förklarat
och den mörka gåtans svar
uppenbarat.

I din skönhet sänkt
bedja jag vill.
Världen är helig,
ty du är till.

Andlös av klarhet,
ljusfördränkt,
ville jag dö hos dig,
i din skönhet sänkt.

Du är min renaste tröst

Du är min renaste tröst,
du är mitt fastaste skydd,
du är det bästa jag har,
ty intet gör ont som du.

Nej, intet gör ont som du.
Du svider som is och eld,
du skär som ett stål min själ -
du är det bästa jag har.

Lönnen

Hell de kämpar, som blöda i striderna,
trots ärr och sår strålande,
hell deras hårda kamp,
hell deras dyrköpta segrar!

Men o du unga träd, du blommande lönn,
dig älskar jag mer än kämpars ärr.
Din oförvärvade, lyckliga adel
är mer än deras vunna slag.

Frisk i livets morgon spirade du ur jorden,
frisk, frisk växte du lugnt i sol och regn;
ångest du kände ej, ånger ej,
intet av allt vårt sjuka.

Du blommar i guld och guldvin; i susningar skrattar du,
när vandraren kysser din stam.
Hans kyss är en bön till den eviga skönhet,
som tänkte i dagen din dejliga blom.

Välsignad du, välsignad du, skönväxande lönn!
De stridandes segrar behöver du ej.
Hos dig är ensliga skogars vila.
Hos dig är sol av gudom.

Drömsyn

Drömsyn, drömsyn,
solskira uppenbarelse,
tänd för min blick av en enda
mänsklig varelse,

drömsyn, drömsyn,
ljuv bland stympade stridande,
ljuv i en söndersliten
värld av lidande.

dröm om ett släkte
växande fram genom tiderna,
människor stolta, som leka sig till
seger i striderna,

blomlikt vuxna
tveklöst harmoniskt från rötterna,
tröstande lugnt på en helig
jord under fötterna,

vilkas kött är ande,
vilkas ande är kött -
blomlikt vuxna
som en sällsam mänska jag mött.

Gudarna

Gudarnas vagnar,
skaka ej molnen,
de glida tysta
fram som strålar.
Gudarnas steg äro
svårhörda
som gräsets knappt
förnumna sus.

Varsamt, varsamt
följ du de stigar,
som dofta av deras
läkande närhet.
Ropa ej namn!
De fly, de lämna dig
ordfylld
i en tom värld.

Till Carolina Rediviva

Ser jag dig skymta,
å Carolina, min vän, bakom björkens frostiga ris,
faller stillaste ljus på min väg
som sol i dis.

Sträng och förnämlig
är du likt en som livet ett skyddande harnesk skänkt,
men av en skeptisk blidhets dager
överstänkt -

som en gammal mans
löje av lätt, lätt snö och höstmild ironi,
tankfullt, med värme och vishet under
och saktmod i.

Ängslan

Svek, svek -
annat var aldrig mitt liv.
All min skam,
penna, stackare, skriv.
Skriv om vägar långt, långt
bort från mitt sanna,
skriv om en mur kring allt som var bäst...
Nej, stanna.

Outredda mörkers hot
fyller mitt sinn.
Åskdiger knoppningstid
än är min.
Jag vill vara stilla,
bida och se,
vänta på solen,
sakta le.

Vad sker i mörkret,
medan jag ler?
Dör min själ?
Hittar jag hem ej mer?
Gud, Gud, behåll
en glimt allen
av mitt allvar
ren, ren!

Via Media

Jag bad en gång om glädje utan gränser,
jag bad en gång om sorg, som rymden ändlös.
Månn blygsamheten växer till med åren?
Skön, skön är glädjen, skön är också sorgen.
Men skönast är att stå på smärtans valplats
med stillad håg och se, att solen lyser.

Vinternatt

Gnistrande knarrande skare hård.
Ensam, ensam är nattens rymd över vita vägar.
Mig fyller bister törst
till vinterrymden.

Springer du snart ej för foten upp,
djupa jordkalla vatten, värld som ibland mig isat,
de starka mörker som
min stjärna gömmer?

Då skall du hisnande hårt och rent
dränka ruttnande lögn som fordom du skonslöst gjorde.
Var är du, bittra hav
av is och sanning?

Trollbunden

När du är borta, hungrar så vilt min själ.
När du är nära, längtar jag likaväl -
förtvivlad ser jag,
stelnad, sluten,
hur tom och fåfäng
flyr minuten.

Ditt väsens stolta kungliga blomdoft fin
jag ville hemligt dricka, ett heligt vin -
men dödstung står jag
som i drömmar,
med törst som Tantalos
i klara strömmar.

I ensamhetens tid har min tunga bränt
att säga dig det vackra jag drömt och känt -
men i din närhet
min tanke somnar,
min port är stängd,
och hjärtat domnar.

Det namnlösa

Mycket gör ont, som inte har namn.
Bäst är att tiga och ta det i famn.

Mycket är hemligt och dunkelt och farligt.
Bäst är att bära det vördsamt och varligt.

Bäst är att tryggt på det hemliga tro
utan att peta på frön som gro.

"Här gick aldrig tanken på spaning.
Allmoder, led mig med säker maning!"

Gott är att lyss till sin Moders röst -
ordlöst bekymmer får ordlös tröst.

Bed om ett

Bed om ett:
djupt allvar
- det som blev mångens bane -
Men bed om ännu ett därutöver,
ett, som blott de starka förunnas:
hjärtats tystlåtenhet.

Gömda land
(1924)

Elementarandar

Vi, vi äro äldre än ni,
jordens barn, ni stolta, ni unga.
Kaos' uråldriga röst äro vi,
Kaos' oformliga sång vi sjunga.

Vi, vi äro moln på flykt,
vi äro vind, vi äro vatten,
klagande vekt, klagande skyggt
långt genom svarta senhöstnatten.

Vi, vi äro lögn och lek,
rolös ropande lek med tårar.
Månen, vår herre, står trånande blek.
Han, kung Vesäll, drar oss och dårar.

Jordbarn - när regnet blir hårt,
härdar och ljusa hem ni bygga.
En makt han ni, som skrämmer oss svårt -
hårda stålet i händer trygga.

Kom, drick oss ur månens skål,
smaka den bleke förtrollarens safter,
kasta vid vägen ert fasta stål,
sänk er i Kaos' formlösa krafter!

Men åt solen i stormande höst
bygga ni tempel till skydd mot natten.
Vi söka ve som en rusande tröst -
vi äro vind, vi äro vatten!

• • •

Törnet

Gott sticker du, törne.
Väl bita ni, markens onda små pilar.
Slapp, trög, vårdslöst tung
min fot på vägen vilar.
Tvingad hårt till spänning,
när törntagg stinger,
fjädras min svidande fot till språng -
i flykt fram han springer.

Sommardag

Havet vilar morgonstilla,
aldrig tyckes det stormar haft,
likt en mäktig ande
soligt morgonstilla,
tung av andakt - lätt
av klarhetens kraft.
Skarpt och noggrant speglas
klippornas nakna stup.
Genomskinligt enkelt
ligger det vida djup.
Linjeklart,
lätt och rent står allt,
tecknat säkert i luftig ro,
sköljt i doften av salt.
Linjeklar,
tankfull, jämn och ren
skrider dagen i rymdens ljus,
fin som en ädelsten.

Vägen hem

Jag vet en väg som leder hem.
Den vägen är tung att gå.
Var vandrare där blir en fattig man
och liten och ful och grå.

Jag vet en väg som leder hem.
Den vägen är kal och ren.
Den är som att luta sin varma kind
mot obarmhärtig sten.

Men den som känt den stenen
mot kindens isade blod,
skall märka, hur mild dess hårdhet är,
hur trogen och fast och god.

Och han skall tacka stenen
och hålla det hårda kärt
och prisa det enda kämpaspel
som var sin seger värt.

Till havet

O hav, hav,
hur stark den dryck du bräddar!
Din stora kyla
är helig rening klar.
Din ljusfamn
är hälsa sval för människors barn, för oss som läkdom älska.

Ty du, hav,
strålande mjukt, rytande hårt,
falskt, och troget alltid,
är liknelse skön för sköna ting:
för tappra hjärtans saltskummiga väg i världen.

Rättesnöre

Du min dag! Jag vill inte
bli bara natt och hårt slagg -
ty från din kind spreds ljuvligt orörd
vårmorgnars glans av dagg.

Du min sol! Jag vill inte
bli bara höst och vind kall -
ty i din blick log segerglada
vårhimlars blå kristall.

Du min ro! Jag vill inte
bli bara trots och segt krig -
ty allför ungt och knoppningsgyllne
nytt liv du gav åt mig.

Stjärnorna

Nu är det slut. Nu vaknar jag.
Och det är lugnt och lätt att gå,
när inget finns att vänta mer
och inget finns att bära på.

Rött guld i går, torrt löv i dag.
I morgon finns där ingenting.
Men stjärnor brinner tyst som förr
i natt i rymden runtomkring.

Nu vill jag skänka bort mig själv,
så har jag ingen smula kvar.
Säg, stjärnor, vill ni ta emot
en själ, som inga skatter har?

Hos er är frihet utan vank
i fjärran evigheters frid.
Den såg väl aldrig himlen tom,
som gav åt er sin dröm och strid.

Den okända

Jag har aldrig sett din läkande hand.
Du kommer i mörkret, när ingen vet.
Jag bidar i tystnad och tillit skygg
i ensamhet.

Du min syster och mor, du och jag och ej jag,
ditt namn är natt, det är gåta skum.
Jag anar dig väldig, mäktig, blind
och ljudlöst stum.

De vet fasors djup, som jag ej sett,
jag bävar att bryta din hemliga lag.
Men tröst vet du mild, som nekas mig
av solklar dag.

Jag har tigande gömt hos dig mitt sår
och värkt bland törne, tills själen var tom.
I mörkret rörde du törnet - det sprang
i vildrosblom.

Väl den som gudar har

Väl den som gudar har:
han har ett hem.
Tröst och en tryggad grund
skänks blott av dem.

Vig dig till kämpe
vid en altarrund.
Frälst är din själ
i bönens stund.

Vilan dig väntar
blott i strid.
Först mellan sköldarna
givs det frid.

Tvång till blanka vapen,
fara och tro -
så blir ett hem dig rett,
där du kan bo.

Till en diktare

Du v i s s t e då...!
Ty hade du ej vetat,
du skulle aldrig kunnat säga så.

Sällsamma skymningsglädje, att du också visste
allt detta tunga.
Din vilsna vänskap genom sekler strövar.
Det lugnar feberns brand.
Och när jag somnar tröstad,
det känns, som satt du vid min säng, likt far, och höll min hand.

Den stora skaran

De ha vunnit. De vila. Hur deras kronor lysa.
Deras långa, långa vila har intet slut.
De ha smakat mörkret. De ha druckit döden.
Deras ord var evigt: "Amen!"
Deras trofaste Gud
i den hårda natten band deras ärekrans.
Dess namn är mer än glädje.
Dess namn är livets djupa tapperhet.

De ha vunnit. De vila. Hur deras kronor lysa.
Må vi härda ut. Se, livet är icke långt.
Må vi minnas vilan. Må vi minnas kronan.
Må vi minnas lösenordet.
I en karg himmels trygd
är vår sista boning redd och vår fasta borg.
Dess namn är mer än glädje.
Dess namn är livets djupa tapperhet.

Lär dig tiga

Var jorden natt är full av ont.
Hjärta, lär dig att tiga.
De hårda själar, hårda sköldar
spegla ljus från stjärnornas hem.

Din klagan gör dig mera svag.
Hjärta, lär dig att tiga.
Blott tystnad helar, tystnad härdar,
orört kysk och skuldlöst sann.

Du söker kvalets heta liv!
Hjärta, lär dig att tiga.
Av sår och feber stärkes ingen.
Ljus som stål är himmelens borg.

De osynliga tingen

I

Ni trogna ting,
som vill min tro begära,
jag glömmer hos er
att jag har mänskor kära.

Ni säkra ting,
för er jag lugnt kan falla,
men dimmor och dagg
är vänskapslöften alla.

Ni starka ting,
som kropp och själ ej äger,
o red mig hos er
det tryggaste bland läger!

II

Och ändå - du, min vän,
du gav mig tingen.
Din skönhet är i dem.
Annars fanns där ingen.

Du blev min tunga törst
till vita världar.
Du blev den syn, som sval
mot all sorg mig härdar.

Du skymt av fjärran mål,
som spänner vingen,
min väg är väg till dig.
Annars fanns där ingen.

Till sömnen

Nattens dop av djupet,
du, i vars flöden
anden tror sig snudda vid
det hav som kallas döden -
det är livets hav han rör,
livets bävansvärda
bortanför...

Skänk din dvalas gåta!
Långsamt jag stiger
i det underjordiska
dimmiga vattnet ut
det som osett sköljer
vårt dagslivs rötter,
det som bär
vårt dagslivs skum -
det ur vars mörker
lyfte sig vaknad,
alltför djup för vad tanken vet,
kroppens fina, vördnadsvärda,
mäktiga, mäktiga härlighet.

Skänk din dvalas gåta,
skölj från min ande
den gångna dagens vissnade
rester och damm!
Död, som ger livet,
låt mig åter dyka
livsförnyad i ljuset fram!

Nya vägar

Här går nya vägar.
Låt oss vandra fromma.
Kom, låt oss söka
någon ny och vacker blomma.

Kasta det vi äger!
Allting nått och färdigt
livlöst oss tynger,
dröm och sång och dåd ej värdigt.

Liv är det som väntar,
det man ej kan veta...
Kom, låt oss glömma!
Låt oss nytt och fagert leta!

Oskadd

Oskadd ur rök och brand
går den som vill ett verk.
Hör, du ande, du äventyrliga,
hör väl och märk!

Vildvingade fjäril,
all blom är din.
I de bittra dödsblom
steg du strafflöst in,

svingar barnslig ur djupen,
där din nöd var störst,
oskyldig och ren som eld
av din framtidstörst,

skrattande sakta, sakta
- ty vilken väg är tårar värd? -
ser livet locka
som en upptäcktsfärd.

Utan skam, utan skuld
väger du ont, väger du gott.
Allt det du sökt och allt du fann
blev dig trappsteg blott –

trappsteg fram till dåd.
Hör, du min ande, hör och märk!
Oskadd ur rök och brand
går den som vill ett verk.

• • •

Vårvisa

I vårtid, i groddtid,
då brister frönas skal,
och råg blir råg och tall blir tall
i frihet utan val.

En ilning av vällust
går genom själ och kropp -
att jag är jag, nödvändigt jag -
en brodd, som hittat opp,

ett vårskott, vars växtkraft
jag knappast anar än –

men stammens sav med bitter smak
med lust jag känner den.

Så bort, all min feghet!
Jag hör min framtid till.
Jag tar mig rätt att växa nu
som rotens krafter vill.

Stjärnornas tröst

Jag har frågat en stjärna i natt
- ett ljus långt bort där ingen bor -:
"Vem lyser du, främmande stjärna?
Du går så klar och stor."

Hon såg med en stjärneblick,
som gjorde min ömkan stum:
"Jag lyser en evig natt.
Jag lyser ett livlöst rum.

Mitt ljus är en blomma som vissnar
i rymdernas sena höst.
Det ljuset är all min tröst.
Det ljuset är nog till tröst."

Kvällstilla

Känn så nära Verkligheten bor.
Hon andas här intill
i kvällar utan vind.
Hon kanske visar sig när ingen tror.

Solen glider över gräs och häll.
I hennes tysta lek
är livets ande gömd.
Så nära var han aldrig som i kväll.

Jag har mött en främmande, som teg.
Om jag räckt ut min hand,
jag snuddat vid hans själ,
när vi gick om varann med skygga steg.

Segern

Segern, segern har ingen röst,
inget rusande jubelbrus.
Finns det så enkla och jämna vägar
under så nyktert sparsamt ljus?

Segern, segern har ingen färg.
Mot hans blick synes prakten arm.
Stilla och blek i sin bleka gloria
glider han hem ur lögn och larm.

Segern, segern är sällan sedd,
drar förbi som en andegäst.
Salig är den, som hans klara skepnad
väntar med ljus vid dödens fest.

Barnet

Vid klippan låg Prometheus smidd.
Ett barn gick fram i tidiga morgonstunden.
"Stanna, barn, och se här
människors vän i järn smidd
för allt vad gott hon gjorde!"
Men barnet, skrämt
av ordens storhet, ögonens trots,
smög förbi med en bön till Zeus
bort till vänaste lekar. - -
Jag ville följa dig tyst, där du går.
De visa och barnen, de leka sig till
vad i himlen är gömt.

Källvattnet

Ett källvatten är rättvisan,
färglös och klar.
En svårmärklig och egen
fin smak den har.
Men slik dryck är så fattig,
när vin finns att få.
Bara vatten är källan.
Jag längtar dit ändå.

Bara vatten är rättvisan,
just inget att nå -
alltför nära, svår att älska,
kärv dryck att få.
Herre, ge mig rättvisa,
ge min själ dess art!
Herre, ge mig vatten,

färglöst och klart!

Du ska tacka

Du ska tacka dina gudar,
om de tvingar dig att gå
där du inga fotspår
har att lita på.

Du ska tacka dina gudar,
om de gör all skam till din.
Du får söka tillflykt
lite längre in.

Det som hela världen dömer
reder sig ibland rätt väl.
Fågelfri var mången,
vann sin egen själ.

Den som tvingas ut i vildskog
ser med nyfödd syn på allt,
och han smakar tacksam
livets bröd och salt.

Du ska tacka dina gudar,
när de bryter bort ditt skal.
Verklighet och kärna
blir ditt enda val.

Gamlefar

Gamlefar har jag sett i sommarnattens ljus,
i nattens klöverdofter blitt allena.
Vid gårdens brunn
stod han böjd,
slipade slåtterfolkets liar.
Som en vissnande skugga så grå,
så gammal han som gården,
syntes han ändå leva så levande liv som den.
Hans spröda sång, den glömmer jag icke.

"Du myndige far i gården,
för gamlefar är du pilt ändå.
Jag är den förste som vände din jord.
När plogen strävar i fåran,
minns du mig då?
I hedenhös
började jag av undanvräkta stenar
resa det rös, som gärdar ägornas gräns.

I tusen år
har jag byggt det och byggt med er alla som byggde,
hållit i plogens skaft med er alla som plöjde.

Jag har del i ert verk,
har en rätt att kräva.
Du känner den väl:
den, att den heliga säden växer
alltjämt, alltjämt
här på de marker, där jag
för första gång den sådde."

• • •

Några hjärtan är skatter...

Några hjärtan är skatter,
som aldrig kan ta slut.
Ägaren strör det givmilt
i solströmmar ut.
Tacksamma tar vi
gåvan i varsam hand.
Hell och säll, välsignad du,
som aktar guld som sand!

Några hjärtan är eldar,
som brinner djupt i lönn.
I kallaste natt där kastas
ett återsken på snön.
Så bergtagen ingen
i ständig längtan går
som den som har sett det skimret en natt
och fram till elden trår.

I kväll har himlen ingen skrud

I kväll har himlen ingen skrud.
Han huttrar naken.
Och aldrig såg jag förr hans blick
så alltför vaken.

Säg, när du somnar in i kväll:
En dag är vunnen.
På vägen där man mister allt
en rast är hunnen.

Så skall du leva dag för dag
och ständigt mista,
och ändå vilja vara kvar
in i det sista.

Så skall du finna livet starkt,
som orkar brinna.
Så skall vart miste bli en vinst -
ty du skall hinna

allt längre mot den livets grund,
som fött dig naken
och bortom alla drömmars svek
är själva saken -

tills i ditt största mistes stund
din själ förbrunnen
går till de släckta ljusens stad.
En dag är vunnen.

Vandraren

Säg mig, dis från Kunskapsbrunnarna,
finns det väl ting att visa mig här?
Svindel griper mig, skratt och skrämsel.
Luften har stigar som bär!

Ensam med dig, du örnögda,
vandrar jag långt, så långt ut,
frusna vägar, klirrande vägar
utan ett mål eller slut.

Alla heliga kärleksdagar
känner sin kväll och sin ensamhet.
Trogen väntar i kvällsljuset
du, som spejar och vet.

Allt jag möter lämnar jag åter.
Dis, du läker brinnande sår.
Klirrande vägar, klirrande vägar
glad med dig jag går.

Följ mig fram genom livsdagarna,
lär mig säga vid mörkrets dörr:
"Intet visste jag, litet vet jag -
mer dock än förr!"

Önskan

Ack låt mig leva riktigt
och riktigt dö en gång,
så att jag rör vid verklighet
i ont som i gott.
Och låt mig vara stilla
och vörda vad jag ser,
så detta får bli detta
och inget mer.

Om av det långa livet
en enda dag var kvar,
då sökte jag det vackraste
som jordlivet har.
Det vackraste på jorden
är bara redlighet,
men det gör ensamt liv till liv
och verklighet.

Så är den vilda världen
ett daggkåpeblad
och ini skålen vilar
en vattendroppe klar.
Den enda stilla droppen
är livets ögonsten.
Ack gör mig värd att se i den!
Ack gör mig ren!

Till en vän

På utbredda vingar i vidderna seglar örnen.
Luften är tunn, där han glider, och svår att andas.
I fjällvinterns ödsliga luft är han ensam vida.
Skymning och köld är hans följe -
hans enda glädje
glädjen att känna sig flyga på starka vingar.

Så högt färdas du i de tommaste vinterhimlar,
tapper som örnen i kraft av en ljungeldsvilja.
Du avstod att sträva till lycka, du valde stigar
branta, som skrämmer oss veka.
Så blek du vandrar,
vandrar med snabba och spänstiga steg som vinden.

Min värld liknar din, och den liknar den ändå inte.
Skrattande dansar min stjärna bland stjärnegåtor.
Din järngråa glädje, den älskar jag långt ur fjärran.
Låt mig få gå vid din sida
och nå med blicken
in i din vintriga värld och din ljungeldsvilja!

Brinnande ljus

Nu ropar natten högt i nöd,
av okänd ångest full.
Nu tänder jag här två raka ljus
för eviga mörkers skull.

Om Herrens änglar drar här fram,
så kallar skenet dem,
så hör de, hur lågorna sjunger min bön,
och bär den med sig hem.

De är kämpar, som går i brynjor av eld
med bud från den Väldiges hus
Deras tal har ej ord för hårt och ljuvt,
men väl för brinnande ljus.

Det är därför de står på stormens rygg
mellan piskande vingars dån,
det är därför de ler åt mörkrets makt
och möter kölden med hån.

O Herre min Gud, förfärlige Gud,
jag hör din mantels brus.
Jag ber om blommor och ber om fred -
men ge mig brinnande ljus!

Sånger om Ödet

I

Ödet är en öken.
Där bor Gud.
Söker du ditt Sinai,
får du hans bud.

Ödet är en teg med
sten i överflöd.
Väl den som härdigt bär:
han skall vinna bröd.

In i himlens salar
går ingen förr
än han stigit oförskräckt
genom Ödets dörr.

II

Du vet du bär en black
och hör hur kedjan slamrar.
Men den kan smidas om till sköld
av en som flitigt hamrar.

Du vet du bär ett gift.
Men alla dödens safter
blir i en klok och varsam hand
till goda läkekrafter.

Du tror du bär ett kors,
men det är verktyg bara.
Ditt liv är stoff. Se här, tag fast,
och låt martyren fara!

III

Önska dig inget, som andra har fått:
allt händer en enda gång.
Önska dig inte vad någon skald
har sjungit i sin vackraste sång.

En stjärnljus natt, när du vakar,
skall Ödet slå på din dörr
och söka dig med ögon av sällsam färg,
som aldrig någon talat om förr.

Hon sjönk som dagg ur luften,
hon föddes av rymdens famn,
och ingen, ingen har mött hennes blick,
och ingen har givit henne namn.

Till dig är hon kommen ur Intets land,
för dig är hon skapad nu,
och ingen, ingen i tiders tid
har kysst hennes läppar mer än du.

Asar och alfer

Asar och alfer delar makten

Asarna red över regnbågsbron
med frostvita vapen,
skymtade fjärran i Järnskogsmörkret
drypande odjursgapen.
Svärden klang och lyste,
när jättars namn hördes.
Rösternas genljud, hovarnas dån
långt i rymden fördes.

Alferna gick i spirande gräs
mjukt på smidiga fötter.
Träd sprang i blom, när alferna steg
lätt över knotiga rötter.
Jordriket gladde sig,
groende vår drog in,
majnatten lyste vit
av alfers vita skinn.

Asar och alfer drog till ting
och delade jordens makt.
Asarna satt som huggna stoder,
tunga av urtidsprakt.
Alferna gled som skuggor
- de vankar som de vill -
skuggor av allt som inte finns
men en gång kan bli till.

Asar och alfer rådslog
och delade jorden så:
åt asar allt som en hand kan ta
och allt ett ord kan nå,
åt asar allt som är talat
och all den tid som flytt -
åt alfer det som sedan är kvar:
allt namnlöst nytt.

Asar och alfer rådslog
och delade människors ätt:
åt asar dem som håller fast
vid fädernas ärvda rätt,
hövdingar och krigare
och alla offerpräster
och alla som ber i tempel -
från öster och till väster.

Asar och alfer rådslog
och delade människors släkt:
åt alfer dem som lyder blint
en dag som än ej bräckt,
alla som blotar i skogen
och fädernas lag ej stöder
och alla som växer som vilda träd -
alla, från norr till söder.

Så de rådde, och så det blev.
Så styr de jordens ring.
Asarna rår över lösen i strid
och synliga tecken och ting.
Men alferna styr de tingen

som aldrig ett namn har haft,
och allt vad de har och allt vad de ger
är fruktbarhetens kraft.

II

Alfen Dag sjunger om Oden

I världsträdet nio dagar
offrad hängde han
- så blek såg jag ingen annan,
gud eller man -
rak, med sammanbiten mun,
härskarhänderna knutna,
över offret som han gjort
ögonlocken slutna.
Men min håg
spratt som en orm - jag ropade: "Vem har gjort det?
Den mörka rösten svarade, skälvande låg:
"Jag själv har gjort det."
Litet vet jag om visdomsbrunnen,
längade aldrig dit.
Dess glans är svart. Jag vet en källa,
glimmande silvervit:
djupt, djupt vid livets rötter
sköljer en våg mitt sinne.
Ingen krävde mitt öga som pant.
Jag dricker fritt där inne.
Som en ström
flyter min dag - som hade jag aldrig sport det
främmande svar, jag hör var natt i min dröm:
"Jag själv har gjort det."

Då tycks mig jordens blommande vår
som döda ting och stoft
mor honom, offrad åt sig själv
i askens vinande loft.
Då söker min tanke förgäves en brunn,
som syns mig bragden värd,
en dryck, som måste vinnas hårt
med dyrbar offergärd.
Ingen makt
liknar deras, som tigit, tigit och gjort det.
Genom mörkret lyser med lågors prakt:
"Jag själv har gjort det."

Den gamla völvan talade sant.
"De starka", sad' hon en gång,
"är födda för höga makters blickar
och bävande människors sång.
Ju mer en stark kan lida ont,
dess mera svårt får han lära,
och mörka nornor gläds att se,
hur tungt en man kan bära."
Aldrig än
bar jag en börda - och vet ej av, att jag bort det-
Men den drömmen, ingen är stolt som den:
"Jag har själv gjort det."

III

Oden och Rind

(Genom förbjuden trolldom hade Oden vunnit alfdottern Rind,
som enligt nornornas rådslag skulle föda Balders hämnare.)

"Mörka runor jag ristat, som ingen hand får rista,
jag som kallas för hövding i himlens hall.
Himmel och jord är sjuka. Himmel och jord skall brista.
En gång, oåterkalleligt, händer
allt som händer, ensamt, evigt, ristat i sten det står." - "
Konung, ett jag känner, som alltid återvänder:
jordens heliga andning, höst och vår."

Jordens skogar susade lugnt i tidens gryning,
susar än, när gudarnas makt är all.
Under nornornas spånad, under ödenas dyning
går ett alstrande hav av djup kristall.
Somna, nornornas skyttel! Inget blir förvandlat.
Världar vaknar i nya solars guld." - "
En gång, oåterkalleligt, har jag redan handlat -
längtar att gälda på Vigrids vall min skuld."

Trädet

När min dörr är stängd och min lampa släckt
och jag sitter svept i skymningens andedräkt,
då känner jag runtomkring mig röras
grenar, ett träds grenar.

I mitt rum, där ingen annan bor,
breder trädet ut en skugga så mjuk som flor.
Det lever tyst, det växer väl,
det blir vad en okänd menar.

Någon andemakt, någon hemlig makt
har i trädets gömda rötter sin vilja lagt.
Jag är rädd ibland och frågar ängsligt:
Är vi så säkert vänner?

Men det lever lugnt, och det växer still,
och jag vet inte vart det strävar och vart det vill.
Det är ljuvt och trolskt att bo så nära
en som man inte känner...

Sköldmön

Jag drömde om svärd i natt.
Jag drömde om strid i natt.
Jag drömde jag stred vid din sida
rustad och stark, i natt.

Det blixtrade hårt ur din hand,
och trollen föll vid din fot.
Vår skara slöt sig lätt och sjöng
i tigande mörkers hot.

Jag drömde om blod i natt.
Jag drömde om död i natt.
Jag drömde jag föll vid din sida
med banesår, i natt.

Du märkte ej alls att jag föll.
Din mun var allvarsam.
Med stadig hand du skölden höll
och gick din väg rakt fram.

Jag drömde om eld i natt.
Jag drömde om rosor i natt.
Jag drömde min död var fager och god.
Så drömde jag i natt.

Härdarna
(1927)

Tillägnan

Här på de ödsliga Uppsalaslätterna
har vi ofta vankat i vinternätterna.
Tysta gick vi. Slätten låg vid.
Stjärnorna flammade sen evig tid.

Stjärnorna flammade, stumma och skrämmande.
Sida vid sida gick vi främmande,
skilda till strävan, skilda till syn.
Kära för oss båda var slätten och skyn.

En gång restes forntidshärdarna
här i skimret av de fjärran världarna
Eld vid eld i hedenhös
samlade sin flock, medan jorden frös.

Här plöjdes mark av de första plogarna,
plöjdes, medan ulvarna tjöt i skogarna.
Här på de heliga härdarnas glöd
bakades av kornet ett grovt, hårt bröd.

Här stod hovet, där skarorna blotade,
fulla av fasa, när fimbulvintern hotade,
fulla av kvidan under flämtande valv,
när runt kring jorden en världsnatt skalv.

Se, hur ljusen tindrar på slätterna,
kämpande mot mörkret i vinternätterna!
Natten är oändlig och jorden ett flarn.
Räck mig din hand! Vi är härdarnas barn.

* * *

Av ismurar och istystnad
är freden skyddad i mitt gryningsland,
där luften skälver, blek av hunger
till solliv och solbrand.
Törnsnåren i ångestväntan
stänger hårt i sin kala stam
alla lågor, som ber och tigger om
att snart få brista i blommor fram.

Du vet ordet, du ensam.
Tala, tala och väck mitt land!
Lös träden ur gryningsvåndan,
tänd luften med din lyfta hand!
Blom ska regna för din fot att trampa,
strålar dansa, när din mun ler
Tala, tala! Jag begär att blomma
dig till glädje, och inget mer.

Tyst är rymden, blek av hunger.
Stel och kall är min slutna hand.
Av ismurar och istystnad
är freden skyddad i mitt gryningsland.
Och väl vet jag, att trollordet,
det sägs aldrig, jag blir aldrig fri.
Stumma sluts dina smala läppar,
när stolt du skrider som en hjort förbi.

Hela min själ har jag knutit till en tanke,
hårt, hårt, så jag kände den med handen,
hela min själ har jag slungat genom luften
långt bort till dig.
Ser du den ligga som en stjärnsten fallen,
ännu efter flykten glödande i sanden,
vandrar du förbi den i din svingande rytm,
så tänker du nog inte på mig.

Hela min själ har jag knutit till en tanke,
hela min själ ligger tung för dina fötter.
Själv är jag så tom, så det svider och värker.
Du, du, min vän!
Märker du inte, eller vill du inte märka
tinget som är ryckt från sina skälvande rötter?
Har du inget bruk för min fattiga själ?
Är jag bara i vägen igen?

3

Tar jag din tärda hand,
vissnar alla
drömmar om solskensland.
Låt dem falla!
Blommor i vitt och skärt,
frukt att skörda,
allt är ett intet värt
mot din börda.

Vågor med saltskum på,
gyllne hällar
bleknar mot dina grå,

• • •

kala kvällar.
Kan jag ej ödets slag
nånsin hela -
ge mig din bittra dag
till att dela!

Ge mig din karga höst!
Jag kan frysa.
Finns det en glimt av tröst,
ska den lysa.
Bara ett stänk av ljus
blir dig givet
här i ditt tomma hus,
ger jag livet.

4

Vart ord av dig är likt ett frö.
Det borrar djupt sin rot.
Jag vaknar av en hemlig värk
och finner ingen bot.

Då tär mig som en bitter törst
var rörelse du gjort.
Vart tonfall och vart ögonkast
blir nära, klart och stort.

Min dag är grå av mig och mitt,
som grumlar min gestalt.
Men spegelklar är nattens värld,
där du är allt, allt.

5
• • •

Jag tror döden är som du,
hög och blek och rak som du,
tinningar i samma välvning gjutna,
havsögd, fjärranögd som du
och med samma läppar smärteslutna.

Du är döden. Jag är din,
handen din och hågen din.
Alla livets krafter har du dövat,
sövt i sorgsen dvala in
dröm och dåd, som knappast vingen prövat.

Men jag älskar dig, min död,
du min långa bittra död,
i vars slutna hand mitt liv förtvinar.
Du min ljuva, ljuva död -
Jag välsignar dig var stund du pinar!

6

Allt, allt jag ägde
var ditt mer än mitt.
Allt jag vackrast ville
var ditt, ditt, ditt.

Högt med dig jag talade
vad ingen i världen vet.
På ändlösa vägar
var du min ensamhet.

Låg jag vaken om natten
och tänkte ingenting,
andades, kände jag dig, dig.
Du var runtomkring.

Livlöst är livet,
där inte du är kvar.
Världen är ett väldigt skal,
som ingen kärna har.

7

Lätta liljeklockor på Kungsängens slätt
har jag plockat en vår, då jag tyckte det var höst.
Mitt hjärta var som de - bara mycket mindre lätt -
en stum, röd klocka, som tiggde om röst.

Vart går all sång, som blir kvävd och innestängd?
Vart går all längtan, som når ingenting?
Kanhända den i mullen och vattnet ligger mängd.
Kanhända den viner i vinden omkring.

Jag orkar inte mer, fastän inget har skett.
Dödstrött är jag. Vad har jag gjort?
Kanhända har jag strävat i land som ingen sett?
En tung möda hade jag vid soluppgångens port!

Jag släpade stenar i sömnlös natt.
Då reste sig ett marmorslott i skimrande ståt.
Min ångest lyfte tinnarna. Av springbrunnen skratt
man hör ej mer, att alla droppar en gång var gråt.

• • •

Som eld flammar rosorna mot pelarnas sten,
och solvita torn dricker himlens blåa ro.
Men över porten står det TRÖST. Och luften är ren.
Och jag har bett till änglarna, att där ska du få bo.

Jag ställde mina klockor vid din stängda dörr.
Att lösa deras kläppar förstod ej min hand.
Du säger att ditt liv är lika bittert som förr.
Men jag har byggt ett slott åt dig i fjärran fjärran land...

8

Det en gång sagda blir alltid sagt
och står till tidernas slut,
och ingen ångestnatt har makt
att plåna det ordet ut.

Men sällsamt är, att ett enda ord
kan kväva det vackra vi minns
och göra vår skiraste dröm till jord,
tills ångern ensam finns.

Så kolnar två långa, tunga år,
då det fagraste spirade fram,
för bara ett ord, som evigt står
och gör mitt liv till en skam.

9

På knä vill jag tacka
för det du log.
Igenom kvalm och rolöshet
en mild vind drog.

• • •

Så bittert salt är gråt
som en ångrande gråter.
Jag vet att du föraktar.
Jag tror du förlåter.

I långa dar och nätter
har hårt jag lärt,
att vi är här att mista
vad mest vi har kärt.
Din fåll vill jag kyssa
för det du log.
Ett löje utan hån,
det är mycket nog.

10

Jag känner dina steg i salen,
Jag känner i var nerv dina hastiga steg,
som annars ingen märker.
Omkring mig sveper en vind av eld.
Jag känner dina steg, dina älskade steg,
och själen värker.

Du går långt borta i salen,
men luften böljar av dina steg
och sjunger som havet sjunger.
Jag lyssnar, fången i förtärande tvång.
I rytmen av din rytm, i takten av din
slår min puls i hunger.

11

Det finns en dödens lycka,
en undergångens lycka,
som bara en kan räcka
min törstande mun,
en obeveklig lycka
att sanslöst famna
och sjunka djupt och mörkt
i förintelsens brunn.

Jag slet mig ur din skugga.
Den växer omkring mig.
Jag vandrar mina vägar
och hör ditt namn.
Jag valde dagens ljus,
och jag vill ditt mörker.
Jag vill ge syn och liv
för din själ och din famn.

12

Jag är segerkrönt med en krans av kval,
med nya smärtors brinnande blom,
fast min skam ströks bort av en hand så sval,
och barmhärtigt mild var din dom.
Jag är vacklande rusig av värk och ve.
Jag har smakat den bittra dryck jag begär.
Jag vill mer. Jag vill bägarens botten se.
Jag vill dö på din tröskel här.

Nu har natten liv, nu har rymden makt,
nu har jorden och tingen verklighet.
Jag är säll i det stora mörkrets prakt

• • •

och av levande smärta het.
Jag är stolt att dela den sorg som är din,
jag är rik av all gammal vånda du väckt.
Men den svindel av jubel, som sveper mig in,
den är dödens andedräkt.

13

Det faller snö, det viner vind,
stelnat är Fyris flöde.
Jorden är lam och himlen blind,
och livet ligger öde.

Det hände en dröm, en dröm i går,
I dag har jag vaknat redan.
När blir din smärta på nytt så svår
att jag får dela svedan?

En dag är så lång. En dag är så lång.
Natten är ändå längre.
Mitt sinne sluts i ett fruset tvång,
och tanken krymper allt trängre.

14

Jag vill gärna stå på gatan här och frysa
för att se två fönster på en gavel lysa.
Den som bor där inne är mig mycket kär.
Jag blir sjuk i hjärtat, när det lyser där.

Jag vill gå till hörnet, jag vill långsamt vända,
så att jag får se dig skymta fram kanhända.
Att du är så nära... Varför står jag här?
Jag blir sjuk i hjärtat, när det lyser där.

15

Stjärnfall, som natten stänker,
ljungeldar, som i flykten blänker,
stolta solar, som mörkret dränker -
vem vill kalla det för undergång?
Eldslåga till det sista
ska du slockna, ska du brista,
oböjlig i att allt mista,
ödestung som en forntidssång.

Fjälltinnar i mäktig teckning,
havsvidder i dagbräckning,
stora skogar i milsvid sträckning -
så är allt vad om dig jag vet.
Havsdövad i bränningsbruset,
solbländad i snöljuset,
sövd i segerdröm av furususet -
så välsignar jag din härlighet.

Jag misstror...

Jag tror på dem som bor i en gård
och bryter mark.
De tar sin kraft ur närande jord,
och de gör jorden stark.

Jag misstror dem som söker i nöd
ett fjärran hem.
De gläder så få, och bara sin art.
Men jag är en av dem.

Förr stryker nog som herrelös hund
min svultna själ
misstänksamt skygg kring bommade hus
och fryser ynkligt ihjäl,

än länkas fast att vakta sin gård
i ärligt kall
och höja mot hemlöst vandringspack
ett övertygelsens skall.

Jag ser dem dra över hed och myr
som drömmen vill.
Jag vet jag är blod av deras blod.
Vad tjänar jag då till?

I mörkret

I mörkret ligger jag och hör,
hur klockor dånar utanför
med långa, tunga, jämna slag,
som mörkrets djupa andetag.

De dövar allt och söver allt
och löser tingens dimgestalt
i långa, tunga, jämna dån,
som tanken aldrig lossnar från.

Jag är bland dem som knappast finns
och bara vet och bara minns
det gamla mörkrets hjärteslag,
som väntar ingen morgondag.

som fruktar ingen morgondag

Av tvång

Jag är en fattigdomens präst
och ska väl så förbli.
Den inget har kan våga mest,
till dåd och tanke fri.

Jag hör den onda röstens hån:
"Du gör ju dygd av nöd.
Vad har väl du att avstå från?
Men om du hade bröd?"

Ja, det är sant, att jag har stått
och tiggt vid lyckans dörr
och gråtit när jag inget fått
och allt var tomt som förr.

Ja, det är sant, att allt är tvång.
Men blir det mindre värt?
En mening finns i all vår sång:
att göra ödet kärt.

Till skuggan av en verklighet

Du är en av mina drömmar -
väl om ingen väcker mig! -
ett av mina vackra ljus,
att ej mörker täcker mig.
Kämpe du för bleka mål,
is och glas och vässat stål! -
Klara dagen
vet jag knappt om drömmen tål.

Det är tröst i drömmens dofter,
svala, knappast märkliga.
Ändå ville jag ge bort dem
för det jordiskt verkliga.
Kära vackra händers värma...
Jag vill älska, inte svärma.
Livets mognad
orkar drömmen aldrig härma

De båda ätterna

Min sång är sjungen för Vredens folk,
folket på tistelheden,
för dem, som ängeln med det flammande svärdet
drev ur det förverkade Eden.
Tistelfjun, tistelfjun
driver över marken i vinden
utan kraft att rotas och gro
inom lustgårdsgrinden.

Men sagorna säger, att Guds söner
förr fann jorden fager
på Morgonens kullar, i guldglans
av urtidsåldrarnas dager,
gästade människors döttrar
i måneböljande nätter
och sådde barn av sin etersäd,
av himlafurstarnas ätter.

Deras ättlingar möter den lycklige,
och lycka bringar deras händer.
Jag har sett dem vandra bland tistlarna
som gick på de saligas stränder. - - -
Men nätter av sömnlös vånda
är också något värda,
och den som har känt vad ångest är,
vet mer än många lärda.

Jag har sett dem vandra bland tistlarna.
De är fria, de är lätta och klara,
och jag darrar av längtan och dyrkan
för en blick och för en rörelse bara.
Men säg, vem har rört vårt släktes rot,
de själarna av glimmande strömmar
eller du - med dina ögon som är fulla av natt
och din röda mun av blodiga drömmar?

Svalorna

Ilande, pilande svalor, på vingarna vilande
högt i det vida blånande,
vindlätt i vinande kast
jordens tröghet hånande -
likt ett löje,
klart, lätt, klingande
träffar er flykt våra hjärtans tyngd med förakt,
likt ett jubel,
ur höjder springande,
bud om rymdernas egen
ljusgenomilade lekande makt...
Sol går ner,
men där uppe dröjer all dagens prakt,
runt kring er,
högt i en lekfullt vunnen,
luftig och lycklig trakt.

Till någon som är mycket ung

Späda nymåne,
vita nymåne,
blekskimrande låga, tänd
i nattens vita rum,

skira blåvinge,
sköra blåvinge,
yrvaken och väntansspänd
då skymning faller ljum,

spröda blomklocka,
klara blomklocka
glasbräckliga flarn,

alf och vårväsen,
sylf och vårväsen -
lycka må ske dig, barn!

Jag vill möta...

Rustad, rak och pansarsluten
gick jag fram -
men av skräck var brynjan gjuten
och av skam.

Jag vill kasta mina vapen,
svärd och sköld.
All den hårda fiendskapen
var min köld.

Jag har sett de torra fröna
gro till slut.
Jag har sett det ljusa gröna
vecklas ut.

Mäktigt är det späda livet
mer än järn,
fram ur jordens hjärta drivet
utan värn.

Våren gryr i vinterns trakter,
där jag frös.
Jag vill möta livets makter
vapenlös.

Från en stygg flicka

Jag hoppas du inte alls har det bra.
Jag hoppas du ligger vaken som jag
och känner dig lustigt glad och rörd
och yr och ängslig och mycket störd.

Och rätt som det är, så får du brått
att lägga dig rätt för att sova gott.
Jag hoppas det dröjer en liten stund...
jag hoppas du inte får en blund!

Stjärnorna växer om våren...

Stjärnorna växer om våren
stora som darrande droppar,
mjuka som levande väsen
med skimrande vita kroppar -
sväller som heliga frukter,
sänker sig nära, nära,
alltför mognande tunga
för spröda himlar att bära.

Skälvande stjärneväsen,
fagert och värnlöst nakna,
längtar att lossna och glida,
röra vid jorden och vakna,
längtar att fylla sitt öde,
i ljus över djupen skrivet,
längtar att kämpa och skapa
och smaka döden och livet.

Tyngst och vitast av alla
hänger vid himlaranden
en, som är villig att falla
mogen och klar i handen.
Känn, att stunden är inne.
Någon väntar vårt möte.
Man efter stjärnornas sinne,
skaka en frukt i mitt sköte!

Torkel Tyre

Öster om Bjura by
är vild och öde trakt,
där lavraggiga granar
står vresiga på vakt.
Där bodde Torkel Tyre,
för dråp lyst i akt.

Nära vid Bjura by
ligger en mossig sten.
Står man gömd där bakom,
när kvällen faller sen,
då ser man byn, hur den glimmar
med många varma sken.

"Det lyser i Halvars gård.
Det lyser i Torstens hus.
Där sitter Torsten och täljer
vid sprakande stockeldssus.
Det lyser i Kettils stuga.
Jag känner vartenda ljus.

Vad visste jag väl om bygd,
när trygg jag i bygden satt?
Nu står jag i långa nätter
och räknar min tappade skatt.
Det glimmar guld över drivan
i snöblå vinternatt."

Så stod han och såg och såg,
då glid av skidor ljöd.
En flämtande mö kom vilt i flykt
hon rände mot byn i nöd.
Tätt bakom gled en skugga
med ögon som glöd.

Men Torkel grep sin kniv.
Han högg, han stack, han skar,
och vassa, vita tänder
gav hårdnackat svar.
Mot morgonen fällde han ulven,
men själv låg han dödstrött kvar.

Vi fann honom där han låg.
Och märk, att vi handlade väl.
Vi sände bud till prästen.
Han frälste mannens själ.
När solen steg över skogen,
då slog vi Torkel ihjäl.

Vi kunde ha skonat hans liv,
men värdet av slikt är ej stort.
En dråpare var Torkel.
Vi handlade så som vi bort.
Vi alla är män från bygden,
och detta var riktigt gjort.

Klockspelet

"Klockspelet klingar, och staden lyssnar stilla.
Så silverskära toner har vår värld aldrig sport.
Så fagert spel har ingen, så konstrikt ingen.
O mästare, gudomligt du, ett under har du gjort!"

"En man gör inget under, men Gud, Gud ensam.
En man gör inget under, men Gud för hans hand.
Som stoft är vårt liv, och vår död en skuggas skugga.
Blott han är värd att vördas här i jordelivets land."

Då talte stadens furste: "Mitt klockspel är härligt.
Med ära reser staden sina tinnar mot skyn.
Att aldrig du må låna din konst åt en annan,
som borgen, o du mästare, jag fordrar din syn." –

"Min hand är gjord att verka, min ande att skapa,
för hundra nya klockspel till liv blev jag väckt.
Se hit! Mitt öga glimmar av elden från ovan,
som ingen furste tänder, om den en gång är släckt." –

"Dig väntar allt du önskar, vad mänskor kan ge dig
av sorgfria dagar vid mitt dukade bord
- hård var jag aldrig -, blott inte mödans timmar.
Var nöjd med ditt öde - vet, jag står vid mitt ord." –

"Välan, milde furste, må din mildhet jag röna.
Jag böjer mig för makten av ditt furstliga skön.
Blott en gång till låt mig se mitt verk och glädjas!
Du mäktige, du milde, bevilja min bön!"

• • •

Upp han steg i tornet, och ner från tornet,
och bödeln tog hans syn, sen han lett honom ner.
I smärtan var han stum; men stummare hans klockor.
Och aldrig har det klockspelet klingat mer.

Då talte stadens furste: "Du ska dö för ditt illdåd,
du tjuv, som stal från staden bort dess stämmas fagra ljud.
Din usla syn, din högfärd har du hämnat på tusen...
Han sade: "Må jag dö! Jag har hämnat Gud."

De dödsdömda

Vid den stora rättegången,
efter domen, efter talen,
höll de dömdas tysta tankar
samspråk i den tysta salen,

sa den ene till den andre:
"Nu vet ingen hur det går oss.
Kanske är det snarast början
på ett verk, som återstår oss.

Dina drag är mycket bleka,
vita som den vita glöden,
levande som lågor lever.
Ännu har vi långt till döden.

Brinnande och utan fruktan
går vi till det bittra sista,
brinnande och utan fruktan
stiger anden som en gnista.

Den kan drivas långt av vinden
genom vidder tomma, kalla,
men där skogen står som torrast,
ska två heta gnistor falla."

Mannen utan nåd

Han är mannen utan nåd -
ögon av skimrande bärnsten,
ögon av lysande kallt guld,
händer av elfenben:
klara och hårda ögon,
fina och hårda händer -
räknad av varma svärmare
som sten av öknens sten.

Öknen har vida riken av sand
och sällsamma källor,
döda städer och levande löv,
och ljus för en anakoret.
Där har han rest sitt läger,
sitt lätta torftiga tält -
trappist i vetenskapen,
en andens asket.

Sin ärekära sårbarhet
som hinder han spränger i striden,
hänsynslös, när det gäller, och kall
för vissling, skratt och applåd.
Omänsklig tycks han.
Som nordan isar hans patos.
Han kämpar tankens skrämmande kamp,
mannen utan nåd.

Simson sjunger, när han fattar om templets pelare

Vigd till nasir åt Herren
äger du knappt ett namn,
utvald, bortlyft
ur jordens milda famn.
Vigd till nasir åt Herren
heter du Herrens hand
och svingar Herrens ljungeld
i skräckslagna land.

Vigd till nasir åt Herren
Herrens ande du bär
och har ej egen ande
att hålla en dödlig kär.
Ve den stunden,
då folk och gud jag svek,
då jag blev mannen Simson
och vigningens styrka vek.

I ånger växte kraften
vid kvarnstenars dån.
Om lättvunna segrar
man talte till Juda son.
Nu störtar jag Dagons tempel,
ty Simson är förtärd,
och jag är åter en namnlös,
vars namn är Herrens svärd!

Stjärnan

Gnistrande frostiga
med fruset ljus
Vintergatans böljor sköljer
stjärnor tätt som grus.
En blott är min.
Jag känner henne gott -
mitt ödes ljus av evighet,
mitt liv och min lott.

I mäktig styrka steg hon,
när mörker mig täckte.
När värnlös jag sjönk, hon mig
till stjärnliv väckte.
Med silvernaglar nitades
min själ vid en stjärna.
Så vandrar fri sin givna väg
mitt väsens grund och kärna.

Den mig ärnar välja,
till stjärnan får han gilja.
I henne bor mitt värde,
i henne min vilja.
Hos henne är mitt hem,
av henne min lag.
O stjärna, du min gärning
och mitt mål, du är jag!

Gräsets sång

I går låg jag slagen
i skurarnas ström.
Nu reser jag mig tvagen
ur förnedringens dröm.
Jag läser i ljuset,
jag hör i morgonsuset
med bävan livets eviga
budord: "Glöm!"

Jag blixtar såg splittra
den ädlaste ek,
och bergen såg jag vittra
i tidernas lek,
men starkare än båda
ur vintrarnas våda
står jag i tusen vårar upp,
odödlig och vek.

Min rot är fäst i döden,
i de multnades bo.
Jag minns ej deras öden,
men jag känner dem gro.
Det gågnas ande bävar
i klargröna vävar
och mognar till ett evigt nu
i gräsmarkens ro.

Havet

Salt, bittersalt
är havet, och klart och kallt.
På djupet multnar mycket,
men havet renar allt.
Vilt, rovdjursvilt
är bränningens glittrande språng,
men ingen människas tankar
är höga som havets sång.
Starkt, evigt och starkt
är vågornas väldiga tåg,
och stark av det eviga havet
var mjuk förgänglig våg.
Så ge ditt liv åt havet.
Det kräver blod av sin man,
men sist, djupt i det djupa,
får ingen en vila som han.

I rörelse

Den mätta dagen, den är aldrig störst.
Den bästa dagen är en dag av törst.

Nog finns det mål och mening i vår färd -
men det är vägen, som är mödan värd.

Det bästa målet är en nattlång rast,
där elden tänds och brödet bryts i hast.

På ställen, där man sover blott en gång,
blir sömnen trygg och drömmen full av sång.

Bryt upp, bryt upp! Den nya dagen gryr.
Oändligt är vårt stora äventyr.

Över dem som stupat i förtid

Väl den som tågar
i väntans gryningsglans.
Väl den som faller
långt innan seger vanns.

Framom den kämpande hären växer en skara,
väsen av ljus med väldiga vapen att föra:
alla de trogna som föll innan skörden var mogen,
alla de unga som aldrig hann falna till aska.

Väl den som byter
det trånga liv han haft
mot deras välde och deras segerkraft.

Pelare lika, som stöder en bro över djupen,
lösta från mänskliga gränser av människors längtan,
bär de på skuldror av dröm de trötta som dignar,
leder med armar av trygghet de svaga som tvekar.

Väl den som stupar
och lever likaväl.
Han tusenfaldigar
i själarna sin själ.

Vilan och döden fick aldrig en del i de starka.
Än är de med i vår kamp. De är våra för alltid.
Högt över skarorna flammar som eld deras lansar,
lyfta till löften och tecken och fanor att följa.

Väl oss, som följer,
väl oss för deras skull.
De är de levande,
och vi är stoft och mull

Fr. Nietzsche: Stjärnsång

Förutbestämd till stjärnors stråt,
vad rör dig, stjärna, mörkrets gråt?

Välv salig genom tiden fram,
onåelig för nöd och skam!

För fjärran världar är ditt sken.
Så må ditt hjärta vara sten.

Ett enda bud är ditt: var ren!

Fr. Nietzsche: En kärleksförklaring

(varunder diktaren föll i en grop)

O dröm! Han flyger än.
Han stiger, vilande på vinge spänd.
Vad lyfter honom än?
Vad är hans mål - hans väg, av ingen känd?

Eviga stjärnor lik
i rymder utan liv han vilar tryggt,
ömkande jordens skrik -
och högt flög den, som bara såg hans flykt.

O albatross i skyn!
En evig drift mot höjden driver mig.
Jag såg dig - och min syn
blev blind av tårar. Ja, jag älskar dig!

R. Kipling: Troner och folk och städer...

Troner och folk och städer
vara helt kort -
blommor, som höstens väder
snart plånar bort.
Men som ny blom slår ut
när vintern flytt,
ur jordens mylla, givmild som förut,
står städer upp på nytt.

De sippor våren väckt
har aldrig hört
vad storm, som deras släkt
i fjol förstört.
Men med den säkra frid
som litet vet,
sin åtta dagar långa levnadstid
nämner de evighet.

Så Tiden, som är mild
och lindrar ve,
gör oss till deras bild,
blinda som de,
att än när vi blir mull
vi drömmer stort -
skugga till skugga viskar tillitsfull:
"Än varar vad vi gjort!"

Walt Whitman: Grunden för all metafysik

Och nu, mina herrar,
ger jag ett ord att fästa i tanken och minnet
som grundval och slutsten också för all vår metafysik.

(Så till studenterna den gamle professorn,
av många åhörd, vid slutad kurs.)

Vi har läst om de nya och gamla, de hellenska och tyska systemen,
Kant har vi läst och begrundat, Fichte och Schelling och Hegel,
läst om Platons läror, och Sokrates, större än Platon,
och länge läst om Kristus, den härlige, större än Sokrates - forskat och klarlagt.
I dag ser jag nu tillbaka på hellenska och tyska system,
ser alla filosofer, ser kristna kyrkor och sekter.

Men bakom Sokrates ser jag klart, och bakom Kristus den härlige ser jag
människans kärlek till sin kamrat, bandet mellan vän och vän,
mellan äkta makar, man och hustru, mellan barn och föräldrar,
mellan stad och stad, mellan land och land.

Den fallande morgonstjärnan

"Fall", sade Herren, "fall,
trotsiga morgonstjärna!
Mörker jag unnar dig gärna.
Du är mig kärast i världen all."

"Fall", sade Herren, "fall,
brinnande blåa låga!
Glimma i djupens plåga,
res dig en stad av svart kristall!"

"Fall", sade Herren, "fall!
Du som allt ont skall smaka,
kommer du snart tillbaka?
Du är mig närmast i världen all."

Världen är drömd...

Världen är drömd av en sovande gud,
och gryningens rysningar vattrar hans själ.
Minnen av ting, som hände i går,
innan världen var till,
spökar, glimtar.
Det, i vars väsen vi inte har någon del,
möter oss där vägen kröker,
det andas en fasa, som inte är vår,
från gränserna långt borta,
från världar av andra lagar.
Somna, somna tyngre, du sovare,
tills drömmen inte plågar dig mer,
eller vakna till dagen, skapare,
och gör oss verkliga!

Världens hjärta

Säg, var brinner världens hjärta,
världens hjärta av eld?
Det lever av grovt, tungt urtidskol:
svart mörker, tät natt, Kaos.
Sök där!
Så är ju eldens väsen:
stark av sin fiendes styrka,
själv en kamp, lysande kamp -
har inget annat väsen.
Och segern? När mörkret gått upp i lågor?
Är segern döden?
Tomma fråga och tomma fruktan!
Världens hjärta är eld,
och eld vill segra.

Fördärvaren

Mig leder en ormblick, stel, grym -
stirrar mig till mötes ur det fjärmaste fjärran,
styr mina steg i det närmaste nära,
håller mig fången i kuvande skrämsel,
binder viljan...

Vem gav ormen hans fruktansvärda skönhet,
avgrunden dragning,
döden sötma?
Vem gav fasan den ödesdigra ljuvlighet,
som lockar lik en mörkare lycka?

Kanske där bortom, vid de eviga källorna,
där slöjorna faller,
möter mig Fördärvaren i annan gestalt.
Är du Guds skugga, du onde?
Guds nattlige tvillingbroder?

Stenarna

Gud hade givit oss tunga själar av sten.
Så stod vi på stranden av havet,
där strålarna hoppade, där skummet dansade, där måsarna seglade i ljus.

Då slungade vi stenarna på lek att förgås. Något ska man göra med stenar.

De snuddade vid ytan, de studsade i bågar, de gled över djupen som vindar!

Och lycklig är vår sömn: den är rörd av vingar, av svalor som jagar över vattnet.

Vi sömniga barn

Inne vid den mörknade stranden
glider ett ensamt vitt segel,
likt en trevande trött fågel,
som söker sig ett skydd för natten,
och uppe i den djupnande himmelen
ett ljust skymningsmoln,
drivande viljelöst likt en
som just ska somna...
Nu vänder vi tillbaka, vi sömniga barn,
till vårt hem här nära intill,
och stryker våra tankar från pannan,
och stryker våra gärningar från handen.
Vi lämnar dem att blekna som glömda lekar,
vi släpper dem för det som är verkligt
och lutar oss med barns blinda lit
mot en okänd mors knä.

De gångna dagarna

När en gammal man ligger sjuk, kommer alla hans gångna dagar
och sätter sig blida i ring omkring hans säng.
De jämrar sig inte, de gråter inte och snyftar.
De nickar sakta och tänker på gamla ting.
Och var och en berättar sin aldrig glömda saga,
och var och en har med sig ett ljus och tänder stilla.
De speglar sig klart i de mörka flodernas vatten.
Han vandrar, vandrar under valv, under bågar av darrande ljus

Vattnets barn

Kring vår vagga böljade mjuka som sjögräs
genomskinliga vattenandar, ogripbara.
Tidlöst lyckliga vilade vi i vindlöst djup.

Vem slet oss bort ur vårt hem?
Som virvlande bubblor susade vi mot dagern,
som glimmande silverfiskar gled vi i blygrått hav.
Så stod vi med drypande hår på stranden en morgon
i ett främmande land.

Aldrig hittar vi hem.
Vi vandrar fram som i dröm.
Våra fuktiga, dunkla ögon är skygga för solen.
Våra svala och milda händer är skygga att handla.
Våra flytande, vikande själar är skygga att älska.
De slingrar sig som ormar för allt svidande hett...

Vi går som i dröm, vår värld är skum.
Vårt fjärran svala leende är hälsning från vår faders rike,
där portarna välver sig av glasgrönt vatten -
portarna till evig vila.

Liliths sång

Molnen hänger tunga,
mognar i ljumma mörkret, där de göms,
nattblåa druvors klunga,
tunga av vin, som tyst över jorden töms,
tunga av Djupets vin,
tunga av hemlig makt,
sugen ur hav och himmel
och bitter dagg i det yttersta mörkrets trakt.

Livets heta ånga
tätnar i droppar, faller i dödstyst natt.
Lyft bägarn! Du ska fånga
nyckeln dit, där ingen sin fot har satt -
landet, där anden löst
bortanför tidens gräns
smakar i evigheter
ting som aldrig anas och syns och känns.

Bakom vakna världar
sjuder främmande hav av lust och ve,
världsdjupens smideshärdar,
varur sprang som ett stänk vad vi kan se.
Vågar du vägen dit,
banad i fasans rus?
Skräckslagen, salig
når du de eviga Mödrarnas mörka hus...

Flarn på vida vatten,
Djupets blomma, som aldrig såg sin rot,
dagslända skygg för natten -
en gång tar dig Mödrarnas natt emot!
Döden är svart av kval.
Döden är vit av lust.
Sänkt i hans susande vågor
glömmer du livets bleka töckenlust

För trädens skull
(1922)

Ingenstans

Jag är sjuk av gift. Jag är sjuk av en törst,
till vilken naturen icke skapade någon dryck.

Ur alla marker springer bäckar och källor.
Jag böjer mig ner och dricker ur jordens ådror
dess sakrament.

Och rymderna svämmar över av heliga floder.
Jag sträcker mig upp och känner läpparna våta
av vita exstaser.

Men ingenstans, ingenstans...

Jag är sjuk av gift. Jag är sjuk av en törst,
till vilken naturen icke skapade någon dryck.

Valborgsnatt

Sent omsider står jag vid ödenas berg.
Runtomkring som ovädersmoln
skockar sig formlösa väsen, skymningsdjur,
svartvingade,
fosforögda.
Stannar jag? Går jag? Vägen ligger mörk.
Stannar jag fredlig här vid foten av berget,
då rör mig ingen.
Lugn kan jag se deras kamp som en dimmans lek i luften,
själv blott ett vilset öga.
Men går jag, går jag, då vet jag ingenting mer.
För den som tar de stegen
blir livet saga.

Själv eld
skall jag rida på ringlande eldormar.
Själv vind
skall jag flyga på vingade vinddrakar.
Själv intet,
själv förlorad i stormen
slungas jag död eller levande fram, ett öde framtidstungt.

Ni ropar på människor

Ni ropar på människor av stora mått. Vad ger stora mått åt en människa?
Att bli till intet och glömma sig själv för det som är större än hon.

De obotfärdiga ropar. De själva skulle växa till jättar
den stund de böjde sina knän i skuggan av de väldiga tingen.

Men höj era röster tills gudarna vaknar, tills nya gudar reser sig och svarar!
När ingen frågar efter människor mer, då står era människor här.

Kerub

Också du, som våndas under allas klander,
också du är kallad till din plats bland keruberna -
med lejonfötter, med solvingar,
med vördnadsbjudande människohuvud:
djur-ängel.
De ropar efter dig: "Oren, oren!"
Därför att de aldrig drabbades av renhet.
Låga, samla dina gnistor ur vråarna,
ässjan väntar, och hammaren som smider dig till blixt
skall lära dig blixtens snabba renhet
och ditt namn bland keruberna.

Den stunden

Ingen andlös sommarnattshimmel
når så långt in i evigheten,
ingen sjö, när dimmorna lättar,
speglar sådan stillhet
som den stunden –

då ensamhetens gränser plånas ut
och ögonen blir genomskinliga
och rösterna blir enkla som vindar
och ingenting mer är att gömma.
Hur kan jag nu vara rädd?
Jag mister dig aldrig.

Nattens djupa violoncell

Nattens djupa violoncell
slungar sitt mörka jubel ut över vidderna.
Tingens töckenbilder löser sin form
i floder av kosmiskt ljus.
Dyningar, lysande långa,
sköljer i våg på våg genom nattblå evighet.
Du! Du! Du!
Förklarade lätta materia, rytmens blommande skum,
svävande, svindlande drömmars dröm,
bländvit
En mås är jag, och på vilande sträckta vingar
dricker jag havssalt salighet
långt östan om allt jag vet,
långt västan om allt jag vill,
och rör vid världens hjärta -
bländvitt!

Ja visst gör det ont

Ja visst gör det ont när knoppar brister.
Varför skulle annars våren tveka?
Varför skulle all vår heta längtan
bindas i det frusna bitterbleka?
Höljet var ju knoppen hela vintern.
Vad är det för nytt, som tär och spränger?
Ja visst gör det ont när knoppar brister,
ont för det som växer
och det som stänger.

Ja nog är det svårt när droppar faller.
Skälvande av ängslan tungt de hänger,
klamrar sig vid kvisten, sväller, glider -
tyngden drar dem neråt, hur de klänger.
Svårt att vara oviss, rädd och delad,
svårt att känna djupet dra och kalla,
ändå sitta kvar och bara darra -
svårt att vilja stanna
och vilja falla.

Då, när det är värst och inget hjälper,
brister som i jubel trädets knoppar,
då, när ingen rädsla längre håller,
faller i ett glitter kvistens droppar,
glömmer att de skrämdes av det nya,
glömmer att de ängslades för färden -
känner en sekund sin största trygghet,
vilar i den tillit
som skapar världen.

En stillhet vidgades

En stillhet vidgades mjuk som soliga vinterskogar.
Hur blev min vilja viss och min väg mig underdånig?
Jag bar i min hand en etsad skål av klingande glas.

Då blev min fot så varsam och kommer inte att snava.
Då blev min hand så aktsam och kommer inte att darra.
Då blev jag överflödad och buren av styrkan ur sköra ting.

Du är fröet

Du är fröet och jag din mull.
Du ligger i mig och gror.
Du är det barn som väntas.
Jag är din mor.

Jord, ge din värme!
Blod, ge din saft!
En okänd makt behöver i dag
allt liv jag haft.

Strömmande varma vågen
känner ingen damm,
vidare vill den skapa,
bryter sig fram.

Därför gör det så levande ont
ini mig nu:
något växer och spränger mig -
käraste, du!

Kunde jag följa dig

Kunde jag följa dig långt bort,
längre än allt du vet,
ut i de yttersta rymdernas
världsensamhet,
där Vintergatan rullar
ett bjärt dött skum
och där du söker ett fäste
i hisnande rum.

Jag vet: det går inte.

Men när du stiger huttrande
blind ur ditt dopm
tvärsigenom rymden
skall jag höra ditt rop,
vara dig ny värme,
vara dig ny famn,
vara dig när i en annan värld
bland ting med ofött namn

Blonda morgon

Blonda morgon, lägg ditt lena hår
mot min kind och andas orörd i din tystnad.
Jorden öppnar vid och vidare sin jättekalk,
född på nytt i slutet mörker.
På klara vingar
dalar Undret som en väldig insekt
för att snudda lätt vid aningslösa
vakande pistiller.

Morgon på den sjunde dagen...

Mogen som en frukt

Mogen som en frukt ligger världen i min famn,
den har mognat i natt,
och skalet är den tunna blå hinnan som spänner sig
bubblerund,
och saften är det söta och doftande, rinnande, brinnande solljusflödet.

Och ut i det genomskinliga alltet springer jag som simmare,
dränkt i en mognads dop och född till en mognads makt.
Helgad till handling,
lätt som ett skratt
klyver jag ett gyllene honungshav, som begär mina hungriga händer.

Avsked

Jag ville ha väckt dig till en nakenhet som en naken förvårskväll,
då stjärnorna svämmar över
och jorden brinner under smältande snö.
Jag vill ha sett dig en enda gång
sjunka i det skapande kaos' mörker,
ville ha sett som vidöppen rymd dina ögon,
färdiga att fyllas,
ville ha sett som utslagna blommor dina händer,
tomma, nya, i väntan.

Du går, och ingenting av detta har jag givit dig.
Jag nådde aldrig dit, där ditt väsen ligger bart.
Du går, och ingenting av mig tar du med dig -
lämnar mig åt nederlaget.

Ett annat avsked minns jag:
vi slungades ur degeln som ett enda väsen,
och när vi skildes, visste vi inte längre
vad som var jag och du...

Men du - som en skål av glas har du lämnat min hand,
så färdig som bara det döda tinget och så föränderlig,
så utan andra minnen än de lätta fingeravtryck,
som tvättas bort i vatten.

Jag ville ha väckt dig till en formlöshet som en formlös fladdrande låga,
som finner sist sin levande form, sin egen...
Nederlag, å nederlag!

Nu vet jag

Nu vet jag hur mycket du gömde och förteg.
Där var ditt skal.
Men varför har du gömt dig så väl för mig?
Det mal och mal.

Jag vet det. Jag minns det: en enda sak,
där jag har dömt -
och sedan var ditt inres förtrollade land
för alltid gömt.

Så länge vår kärlek har ett villkor kvar,
om också bara ett,
så länge är vår kärlek en sluten hand -
och oss sker rätt.

Min hud är full av fjärilar

Min hud är full av fjärilar, av fladdervingar -
de fladdrar ut över ängen och njuter sin honung
och fladdrar hem och dör i små trista spasmer,
och inte ett blomstoft rubbas av lätta fötter.
För dem är solen till, den heta, omätliga, äldre än tiderna...

Men under hud och blod och innanför märgen
flyttar sig tungt tungt fångade havsörnar,
vingbreda, som aldrig släpper sitt byte.
Hur vore ert tummel en gång i havets vårstorm?
Hur vore ert skrik, när solen glödgade gula ögon?
Stängd är grottan! Stängd är grottan!
Och mellan klorna vrider sig vita som källarskott
mitt innerstas tågor.

Trädet under jorden

Det växer ett träd under jorden;
en hägring förföljer mig,
en sång av levande glas, av brinnande silver.
Som mörker för ljus
måste all tyngd smälta,
där bara en droppe faller av sången ur löven.

En ångest förföljer mig.
Den sipprar ur jorden.
Där våndas ett träd i tunga lager av jord.
Å vind! Solljus!
Känn den våndan:
löften om doft av paradisunder.

Var vandrar ni, fötter, som trampar
så mjukt eller hårt,
att skorpan remnar och ger sitt byte ifrån sig?
För trädets skull, förbarma er!
För trädets skull, förbarma er!
För trädets skull kallar jag er ur de fyra väderstrecken!

Eller måste vi vänta en gud - och vilken?

Ögonen är vårt öde

Ögonen är vårt öde.
Så ensamma blir ni, stackars ögon,
med stjärnor, som vägrar förbarma sig
på levande jordiskt vis.
Hade jag sett mindre,
tänkte jag andra tankar,
och slapp bli en utstött,
de rättfärdiga given till pris.

Helig, helig, helig
är sanningen, den förfärande,
jag vet det, jag böjer mig,
och den har rätt till allt.
Men kött och blod ryser,
det levande söker livet,
och varm är mänskors gemenskap
och deras förakt kallt.

Och bedjande irrar jag
bland iskalla ljusår,
söker efter hjälp till att
stå upp ur min grav.
Minns med het ömhet
ögon långt borta,
också de förlorade
i ensamhetens hav.

Då kan jag inte klaga.
Då måste jag tacka.
Med dem har jag delat
vad jag vet, vad jag minns.
Och genom mörkret anar jag
hem och gemenskap.
Älskade syskonögon!
Ni fanns. Ni finns.

Bekännelse

Passar inte till upprorsman
och tvangs ändå bli det.
Varför är inte mitt öde privat?
Varför rotar jag i det?
Eller, om jag nu måste slåss,
varför sker det med plåga?
Varför inte med klingande spel,
när sist jag tvingas våga?

Blod av mitt blod, ni som dömt mig hårt
och mig i skam förskjutit,
nog kände jag, då jag slungades ut,
att mot ett helt jag brutit,
kände en helig gemenskap
bakom de dömande orden,
visste med ångest: ni är jag -
och böjdes ner mot jorden.

Men där jag låg och trodde mig stum,
hörde jag mörkret kvida.
Själar ur samma kvalens rum
andades vid min sida.
Jag hörde mitt eget rop om hjälp
ur öde öknar stiga,
visste med ångest: jag är ni -
och kunde inte tiga.

Feg, feg, trefalt feg
måste jag ändå fäkta,
slås till jorden och resa mig upp
med alla nerver bräckta,
måste känna som brännjärn
de obönhörligas domar -
och lyda och lyda en svidande eld,
som fram ur mörkret blommar.

Bön till solen

Skoningslöse med ögon som aldrig har sett mörkret!
Frigörare som med gyllene hamrar bräcker isar!
Rädda mig!

Raka som smala streck sugs blommornas stänglar i höjden:
närmare dig vill kalkarna skälva.
Träden slungar sin kraft som pelare mot sin härlighet:
först där uppe
breder de ut sin ljustörstiga bladfamn, hängivna.
Människan drog du
från en jordfast sten med blinda blickar
till en vandrande vajande växt med himmelsvind om pannan.
Din är stängel och stam. Din är min ryggrad.

Rädda den.
Inte mitt liv. Inte mitt skinn.
Över det yttre råder inga gudar.
Med släckta ögon och brutna lemmar
är den din, som levde rak,
och hos den som dör rak
finns du, när mörker slukar mörker.
Mullret stiger. Natten sväller.
Livet skimrar så djupt dyrbart.
Rädda, rädda, seende gud,
vad du skänkte.

Unga viljor viner

Unga viljor viner
som herrelösa spjut.
Ångest har kastat dem
i rymderna ut.
Skälvande av stridslust
och överflöd på styrka
söker de mål att drabba,
söker de makter att dyrka.

Men viljor som mognar,
de blir träd och slår rot,
beredda till att skydda
ett land vid sin fot,
ett litet stycke mark,
men nödvändigt som livet,
där något dyrbart växer,
av vindarna rivet.

Om gläntan syns trång
emot rymder utan slut
och trädet kanske livlöst
mot blixtrande spjut,
så glöm inte lövet
med den livsgröna färgen,
och glöm inte saven,
som sjuder genom märgen.

Var inte rädd, var stilla
den skördens natt,
då rösterna säger:
"Din gräns är satt.
Du också skall stillna
bland de vakande trogna.
Du också skall slå rot,
och bli träd, och mogna."

Porten

För många gånger har jag gått genom porten.

Den lyfter sig så högt och suddas ut i solljus,
och under bågen hör man gå
eviga vindar i eviga rum.
Tröskeln är av löftesstenar, trappa till ett altare,
dit den slipper fram, som helgar sig till gåva
med sin gångna tid och sin kommande tid

och en hel vilja.

För många gånger har jag gått genom porten.

Och ändå ber jag:

Väktare vid dörren, all börjans herre,
släpp mig fram! Jag orkar ännu.
Så sant som jag aldrig gömde något undan,
tag, men tag till sista skärven.

Den dag jag delar, den dag jag räknar,
spärra min väg och kasta mig i smältugnen.
Allt är dörr. Allt är början.
Livets axel är i dina händer.

Hel går jag under svindlande bågen,
och eviga vindar i eviga rum
dricker min gåva.

Idyll

Din röst och dina steg faller mjuka som dagg på min arbetsdag.
Där jag sitter är det vår i luften omkring mig av din levande värme.
Du blommar i min tanke, du blommar i mitt blod, och jag undrar bara,
att inte mina lyckliga händer slår ut i tunga rosor.

Nu sluter sig vardagens rymd kring oss två, lik en len lätt dimma.
Är du rädd att bli fånge, är du rädd att drunkna i det gråa?
Var inte rädd: i vardagens innersta,
i allt livs hjärta,
brinner med stilla nynnande lågor en djup, hemlig helg.

För den stora förödmjukelsens timme

För den stora förödmjukelsens timme vill jag också tacka,
timmen då man ser att man är naken
och utan en grumlande rest av stolthet
låter sig ordnas in
som ett dammkorn i strimman av förunderliga världar -
förunderligt allt, förunderligt hälsan och livet,
förunderligt tak, bröd och vatten,
och mer än annat förunderligt den oförtjänta nåden
av en människas evigt upprättade tillit.

Bål

Genomskinlig, klar och het,
vackra mantel, slå opp,
smyg dig tätt som ett vatten
om min väntande kropp.
Jag står bunden och stilla,
har ej trots att spilla.

Har ej motstånd mer,
ingen lönlös strid.
Så i ångest utan luft
får man bidandets frid.
Här har allt hopp stannat,
vill inget annat.

Som ett asplöv min kropp,
som en flämtning min själ,
och där långt innanför
är jag fri likaväl.
Stor tystnad rör mig
bortom allt som förgör mig

Osårbar

Osårbar, osårbar
är den som fattar ursprungsordet:
Det finns inte lycka och olycka.
Det finns bara liv och död.

Och när du har lärt det och slutat jaga vinden
och när du har lärt det och slutat skrämmas av blåsten
så kom tillbaka och lär mig ännu en gång:
Det finns inte lycka och olycka.
Det finns bara liv och död.

Jag började stava, när min vilja föddes,
och slutar stava, när min vilja har upphört.
Ursprungsordens hemlighet
förvärvar vi intill döden.

Kunskap

Alla de försiktiga med långa håvar
träffar havets jätteskratt.
Vänner, vad söker ni på stranden?
kunskap kan aldrig fångas,
kan aldrig ägas.

Men om du rak som en droppe
faller i havet att upplösas,
färdig för all förvandling -
då skall du vakna med pärlemorhud
och gröna ögon
på ängar där havets hästar betar
och vara kunskap.

Martall

Här i evig blåst
pinar sig martall upp ur stenen,
kröker sig trött,
knyter sig trotsig,
kryper kuvad.

Svarta mot kvällens stormhimmel
tecknar sig vridna spökkonturer.
Vidunder grips av leda
för vidunder.
Går ett stönande genom de rivna kronorna:
O att se en enda gång
rak emot ljuset
stiga en kungaek,
en gossebjörk,
en gyllene jungfrulönn.

Göm dina drömmar, krympling.
Här är de yttersta skären. Så långt ögat når:
martall.

Munnarna

Omkring mig simmar förfärliga munnar.
Förstadståget dunkar.

Detta är mödrar.
Rovfiskmunnar,
spärrade och spända i girig ångest:
äta eller ätas.
Själva uppätna (ingen har märkt det)
släpar de sitt innanmäte i kassen.
Döda ögon, död ångest,
rovfiskmunnar.

Detta är den älskande.
Färgsvullen svampmun
suger efter sitt byte.
Skammen att ha givit sig, den lurades skam
suger efter tusen triumfers hämnd,
blir aldrig mätt,
lagrar sig i pinad fräckhet
runt en blöt svampmun.

Detta är den fromme,
som med helig snörpning
gömmer och förnekar sina läppar.
Syns inte, finns inte -
Gud själv kan inte se dem.
Varför är han rätdd för sina läppar?
Hur ser du ut när han sover?

Detta är den lyckliga,
hon som blev en ägande.

Bland alla de kämpande
är hon den som segrade.
Ingen hävstång bänder upp de käkarna,
hopskruvade kring livsvinsten.

Men där vid fönstret,
halvöppen,
blommar en mun som ingenting fångar.
Vad andas du så över vida världen,
så världsfrämmande?
Dig själv?

När skall du skrämmas dit ner i djupen
till rovfiskar
och sugmunnar,
snappa vilt efter jagat byte,
hugga förtvivlat åt de andra?
I morgon redan,
om du vill leva.

Så vill jag ta min stav och vandra
och söka en annan värld åt dig,
en värld där munnar får vara blommor
och andas som blommor
sin livsanda
och flöda som blommor
av djupa skänker
och stå som blommor
lyckligt öppna.

Omkring dig glafsar våra djuphavsmunnar.
Förstadståget dunkar.

• • •

185

Havsbön

Havssvall, kom sköljande,
ge mig den salta och runda klangen att smaka,
den som gavs mig
till ett urnamn åldrar och åldrar tillbaka!
Ord, som inga dödliga
läppar kan uttala,
ligger gömda
inne i svallen svala.

Länge, för länge
svalt jag på lättuttalade människoord.
Jag vill uppstå,
jag vill mätta min mun vid moderns bord.
Som ett förvillat barn
i ledans ånger
vänder jag hungrig om
till hemmets sånger.

Låt mig dricka
språkens språk ur eviga dova brus.
Låt mig klarna
till ditt vilande djup av skapelseljus.
Innanför själ och ande
hör jag dig sjunga.
Stig i mitt blod, och blomma
i min tunga!

Den vägen är smal

Den vägen är smal, som två har att gå,
omänskligt smal, kan det tyckas ibland,
och är väl en människors väg ändå.

Ur det begravnas urtidsslam
reser sig vidunder, väckta av värmen,
och spärrar vägen där du vill fram.

Ingen flykt kan göra dig fri.
De möter på nytt vid nya vägar.
Du har inget val. Du måste förbi.

*

Den vägen är brant, som två har att gå,
förnedringsväg, kan det tyckas ibland,
och är väl en segerns väg ändå.

Ensam stig går runt i en ring,
samma hägring i samma sand,
samma törst efter fjärran ting.

För två som strävar en vinning jag vet,
fastare, tyngre än enslingens drömmar:
den svåra växten till verklighet,

ja ända in i den innersta märg,
där människan växer ur splittrade tågor
och blir sig själv en rot och ett berg.

*

Den vägen är lång, som två har att gå,
vilseväg, kan det tyckas ibland,
och har sina märken och mål ändå.

Har sina änglar i ljungeldsdräkt.
De rör vid stoftet med brinnande hand,
och tunga kedjor blir dimma och fläkt.

De rör vid jorden med brinnande fot
och skapar den ny i morgonglöden
och full av hälsa och tröst och bot

och full av makt över mötande öden
och innerligt ljus, som två tar emot.

Ökenvandraren

Ni väger med falska vågar
och mäter med falska mått,
inte inför kadin, som dömer brottslingar,
men för Allah, Allah, välsignat vare hans namn,
han som har skapat livet.

Tusen dadlar köper ni för en liten pärla,
men jag, som hungrade i öknen,
är led på mitt pärlsydda bälte,
som ingen näring ger,
och jag, som försmäktade i sanden,
återfinner icke prakten i mitt dolkfäste,
sirat med juveler,
som ingen törst släcker.

Ännu i denna minareternas stad, långt från öknen,
bugar jag icke för de stolta portalerna,
de gyllene grindarna,
men väl för de ringa, för de avsides brunnarna,
dit dammiga herdar leder sina hjordar,
när de kommer med mjölk om kvällen

Din värme

Din värme, din mjuka värme
ber jag om,
som strömmade långt innan mänskan
på jorden kom.
I urskogsgömmenas duniga
fågelnästen
bar samma skyddande värme
livets fästen.

Ur ångestbrinnande himlar
sjunker vi ner
i boets mörker, där livet
ej frågar mer.
Ty molnens lekar är hägring
och spegelstänk,
men allt som föds och föder
är djupets skänk.

Det dagas, och rymden ljuder
av vingesus.
Den svävande fågeln jublar:
Jag lever av ljus!
Men gömt i det tysta vilar
hans ve och väl.
Din värme, din djupa värme
ger mig själ.

Legend

Över stadens suckande torn
sjönk all jordens nöd:
brand, pest och hunger,
örlig och ond bråd död.

Folket trängdes i kyrkorna,
böjde knä i fruktan,
hörde prästerna be till Gud
om kraft att bära hans tuktan.

Mödrarna vid brunnen
visste sig ingen råd:
"För barnens skull, för barnen
måste där finnas nåd.

Fast i synd födda
är de oss mycket kära
är de oss mycket dyrare
än himmelrikets ära."

Vithårig, okänd
en steg före de andra,
vinkade dem att följa,
började vandra.

Myllrande fram ur portarna
följde fler och fler.
Mitt i staden låg ett hus.
Där ledde en trappa ner.

• • •

Hårdstampat jordgolv,
pall och skål av trä.
Klädd i en tagelkåpa
låg en man på knä.

Ödmjuk vördnad
i alla blickar brann:
"Rik är ändå staden!
Här bor en helig man.

Uppåt i förbön är hans
ansikte vänt;
märken i hans tärda drag
har våra synder bränt."

Bittert log den gamla.
"Vad är det ni ser?
En stor helig kärlek
och ingenting mer?

Ett ansiktes öppna skål
av saligt tålamod,
som höjer sig i hunger
mot alla smärtors flod –

en het andes bägare
av blödande rubin,
hängivet väntande
på Herrens vredes vin –

en önskan att den älskades
värsta tuktan lida - -
och ingen ser, hur blixten ledes
ner ur himlar vida?

Staden gav eko
och skalv i samma klang,
då han, den starke bedjaren
sin herre betvang.

Ryck upp all vallmo,
som ber om smärtans vårar!
Hugg ner alla svarta träd,
som längtar att bära tårar!"

Då steg där fram ur hopen
en man full av glöd,
fällde den gamla till marken -
hon föll och var död.

De korsade sig, de smög sig bort,
den stadens döttrar och söner.
Och upp mot himmelens vredesvalv
steg åter den heliges böner.

Evighet

En gång var vår sommar
en evighet lång.
Vi strövade i soldagar
utan slut en gång.
Vi sjönk i gröna väldoftande
djup utan grund
och kände ingen ängslan
för kvällningens stund.

Vart gick sen vår evighet?
Hur glömde vi bort
dess heliga hemlighet?
Vår dag blev för kort.
Vi strävar i kramp,
vi formar i strid
ett verk, som skall bli evigt -
och dess väsen är tid.

Men än faller tidlösa
stänk i vår famn
en stund då vi är borta
från mål och namn,
då solen faller tyst
över ensliga strån
och all vår strävan syns oss
som en lek och ett lån.

Då anar vi det villkor
vi en gång fick:
att brinna i det levandes
ögonblick,
och glömmer det timliga,
som varar och består,
för den skapande sekunden,
som mått aldrig når.

Fragment ur Alkman

Ljuvligt sjungande jungfrur, mig kan ej lemmarna längre
bära - o vore jag, vore jag blott isfågeln, där han
fram över vågornas skum av halkyonerna buren
svävar med sorglös håg, heliga fågeln!

Anm. Den åldrande körledaren syftar på sägnen, att isfågeln då han
blir gammal och orkeslös bäres av honorna, halkyonerna.

Goethe: Salig längtan

Säg det endast till de visa,
att det ej blir dårars gamman:
det som lever vill jag prisa,
då det trår till död i flamman.

Sänkt i kärleksnätters dyning,
som allt ursprungs ursprung hyser,
anar du en sällsam gryning,
då den stilla lågan lyser.

Mörkret kan ej hålla kvar dig,
och den heta nattens mening
är blott nytt begär, som drar dig
mot en högre, ny förening.

Fången, tvingad och berusad
flyger du, mot ljuset vänd,
fjäril, tills du eldomsusad
äntligt är förtärd och bränd.

Och till dess du detta nått,
detta: dö och bliv,
vankar du som främling blott
i ett skymningsliv.

Rilke: Ängeln

Med blott en vink avvisar han de ting
som kan förplikta eller stänga inne,
ty närmre, högre drager i hans sinne
det evigt kommande sin ring.

Gestalter fyller rymden vart han vänder,
och kallar en, är han beredd att gå.
Men lämna intet i hans lätta händer
av det som tynger dig - de kommer då

till dig en natt i brottningskamp och prövning
och rasar genom huset som en storm
och kramar dig i skapelsens bedövning
och bryter loss dig ur din fasta form.

Rilke: Den siste greven av Brederode räddar sig undan en turkisk fångenskap

De följde honom tätt och utan nåd,
slungande brokig fasa, medan han
förlorad flydde, blott ett villebråd.
Hans fjärran fäders stolta glans försvann

och gällde ej. Ty så har ofta flytt
ett jagat djur - det räcker. Då till slut
blixtrade floden fram - och ett beslut
lyfte hans nöd och gav honom på nytt

hans arvedel i furstars blod och rang.
Adliga damers löje och behag
gör än en gång sin sötma i hans drag,

tidigt fulländade. Sin häst han svang
till språng, som liknade hans hjärtas slag
och som till fest i forsen ut han sprang.

De sju dödssynderna och andra efterlämnade dikter (1941)

De sju dödssynderna

Fragment ur en kantat
Scen: Inför Guds tron

INLEDNING

Kör I

Hur länge än, hur länge än, hur länge än?
Förinta oss!
Förinta oss!

Kör II

En liten tid, en liten tid, en liten tid!
Förbarma dig!
Förbarma dig!

Åklagaren (recitativ)

Det är tid att tala. Det är sannerligen tid att tala.

Kör II

Förbarma dig!

Kör I

Förinta oss!

Kör I

Hur länge än, hur länge än, hur länge än!
Förinta oss!
Förinta oss!

• • •

Kör I

Vi är din skara,
som du svek, Herre.
Förtrösta! bjöd du -
och det blev värre.
Ur ondskas dimmor
steg ingen ljusning,
ur tordönet
ingen sakta susning.

Vi skalv i öknen
övergivna
med hårda bud
i sten skrivna.
De blev oss bröd,
de blev oss vatten.
Men kring vår fromhet
teg natten.

Vi drog längs vägarna,
gudsslagna
budbärare
i eld tvagna.
Dom och soning,
så bjöd rösten.
Och domen sannades,
men aldrig trösten.

Vi sjöng i markerna
i jubel vända
mot nya stjärnor
till tecken tända.

• • •

O dröm, o hopp,
vad du flöt rikligt.
O löftens löfte,
så stort och svikligt.
En bön, en enda
återstår oss:
slå ännu hårdare,
du som slår oss!
Vik samman rummet
och släck tiden,
förgör allt
och skapa friden!

Hur länge än, hur länge än, hur länge än?
Förinta oss!
Förinta oss!

Solo (ur Kör I)

Vi vet, att de bittra ödena
kom inte till oss först.
Vem säger i floden av lidande:
vårt är störst!
Mot pestens tider och hungerns år
och mödrarnas skri
i prisgivna städer -
vad väger vi!

Vi var väl vana att ställa djärvare krav,
men anade nog, att av nåd var det goda
livet gav.
De döda vet, där de vilar i frid,
hur mycket hjärtat tål. - - -

Men vi förtvivlar om människan
och människans mål.

Vi trodde att sanning segrade
av egen kraft.
Men starkare lockar lögnernas
hetsande saft.
De druckna själarna stympar sig
för avguden Stat,
och tillit drunknar i misstro
och kärlek i hat.

Så är vi det spån som spilldes,
den hammare som brast.
Kom, sopa din smedja tom och ren
med raka och kvast!
Tänd ässjan på nytt till skapelse
som inte är vi!
En glimt var din ande i människan,
en glimt - och förbi.

Kör I

Förinta oss!
Förinta oss!

Kör II

En liten tid, en liten tid, en liten tid!
Förbarma dig!
Förbarma dig!

Det får inte sluta så
grymt oförsonat.
Inte så länge på jorden än

liv blev skonat.
Skänk ännu en kort frist
åt världens hjul till att vända sig!
Så mörk som natten står
kanske ett ny kan tända sig.

Är detta ännu förmätet sagt,
så glöm alla orden,
men låt oss tiga och tåla oss fram
som gräs tätt vid jorden.
För djup skam såg vi,
för meningslöst lidande.
Vi levde ju bara av väntan -
låt oss få dö bidande!

Förbarma dig!
Förbarma dig!

Ensam röst (ur Kör II)

Makrokosmos' herre,
mikrokosmos' herre,
du som spränger alla mått,
större och smärre,
du vet ensam
hur mått och tal bedrar,
du vet att livet är
vad livet alltid var.

Den som går över slagfält
och hör jämmerskrina,
alltsom han ser och hör,
växer hans pina
Men ingen summa finns att få

av världens bekymmer:
han bara långsamt närmar sig
vad e n själ rymmer.

Ingen summa är världens liv,
men själars väg fram,
inget mål i sikte,
men segrar i klarsynt skam.
Du ler åt våra siffror och tal.
Låt jordens skärseld brinna!
Låt oss behålla allt allt
för glädjen att övervinna!

Kör I (bortdöende) Kör II (bortdöende)

Förinta oss! Förbarma dig!
Förinta oss! Förbarma dig!

LÄTTJA

Åklagaren

Till er först, ni som tror er oskuldsfulla,
ni lata!
En tung börda binder ni åt er själva,
tyngre än grova brott och tyngre än jorden orkar.
Över er skulden för allt ont som inte hindrades!
Över er skulden för allt gott som inte gjordes!
En tung börda! För er skull
går världen under.

Kör

• • •

Av vårt eget hjärta blev vi uteglömda.
Vid dess branta murar är vårt läger i natten.
Vi är de från livet till skendöd dömda,
törstande i dvala efter källornas vatten.

Armarna slingrar vi hårt om våra knän,
stelnade av spänning och inte av vila.
Över murens krön vajar friska trän.
Under deras rötter hör vi källorna sila.

Där är vårt liv. Där är vår själ.
Du som kommer straffande, vad gör du för att lossa oss?
Vet du vägen in, då är allting väl.
Men går vi bort från källorna, ska ökenstormen krossa oss.

För inga krukor till de heta torra munnarna!
Aldrig ska vi lyfta våra händer till handling,
aldrig - tills vi dricker ur de innersta brunnarna.
Vid vårt hjärtas murar vill vi vänta förvandling.

Solo

Du ropar. Inom mig ekar
svagt ett svar,
men djupt i alla mina delar
är ovilja kvar.

Någon är det, en ensam
av allt mitt folk,
villig att tjäna dig, ropare,
som kämpe och tolk.

Men se, jag är rädd för överfall
i själens värld

• • •

och mest för de starkas enfald,
som segrar med svärd.

Låt du min mångfald långsamt
få läkas ihop,
så kanske en dag var droppe blod kan svara ditt rop!

Hur oövervinnelig vore den
i självklar tro,
som hann få växa sig samman till en
i mognande ro.

Hur maktlöst från hans levande hud
föll dagens damm.
Hur mäktig i tystnad gled han
ur stora buller fram.

Koral

Allt som är spritt och delat
det längtar att bli helat
och ber om trohet än.
Du lever mitt ibland oss.
Ja, fast vår tvekan band oss,
så var du, Herre, gömd i den.

VÄLLUST

Kör

Dagsljuslandet är främlingslandet.
Där går vi klädda i mask och pansar.
Där går vi höljda i namn och förtid,
skammens kåpor och ärans kransar.

Här, i den enda och yttersta handlingen
kastar vi jagets nio hudar,
stiger med slutna ögon i källan,
nakna som foster och gudar.

Nakna som foster. Förvandlingsnatten
under det mänskliga rör vi rysande,
följer i spåren av urtidsanor,
djuphavsdunkla och fosforlysande.

Årmillionernas parningshunger
slukar och bär allt jordiskt öde.
Mänskliga former och namn är förgängliga
stänk ur extasernas flöde.

Mansröst

Bedövad vaknar jag - ur vilket sköte?
Vad jag förnam var inget mänskligt möte.
Ett liv på botten av mig själv förde jag,
och elementerna tillhörde jag.

Kvinnoröst

I dvala sjönk jag mörkerbländad,
av ingen man men av fantomer skändad.
Av jordandarnas lustar glödde jag,
och mytens vidunderskaror födde jag.

Kören (fortsätter)

Nakna som gudar. I formlös gryning
stigna ur havet står de på stranden.

Utan att känna sin väg och sitt rike
tar de ett tvekande steg över sanden.

Utan att veta vad krafter de råder för
andas de sakta, stannar och vänder sig.
Världarna vaknar av andetagen,
djupen och höjderna tänder sig.

Kvinnoröst

Hur ödmjukt väldig kan en stolthet vara.
Jag är en helig bild, ett tecken bara,
men genomlyst för att en Makt behöver mig.
Din dyrkan fyller och går långt utöver mig.

Mansröst

Var blev vår tyngd av jordvarelse!
Du är det än ej skaptas uppenbarelse.
Jag är själv eld. Jag är själv ingen.
Vårt rike hägrar. Vi är bakom tingen.

Kören

Ämnar du stänga den sista vägen?
Ämnar du dämma det sista flödet,
där vårt torra väsende vattnas av
världarna bortom det jordiska ödet?

Ämnar du kväva i namn all namnlös
tidlös eld ifrån skaparbålet
tills det förtärande undret viker för
vilja och ändamålet?

Koral

O Gud, hur du vill döma,
lät du oss aldrig glömma,
hur vitt ditt välde når.
I trängseln här och nöden
var lusten liksom döden
ett sorl från djup dit ingen når.

HÖGMOD

Kör

Hur kunde du finnas utan oss,
du långsamme store.
Var hade du rum att uppstå från,
om inte vårt högmod vore.
Ditt skydd och din klippgrav
är här våra knutna händer.
Och hör, vi ber, fast inte om nåd,
med hopbitna tänder:
Jag orkar.

Omkring oss klänger sig segt och blint
de myllrande liven.
Åt människan ensam, högst och lägst,
blev tom förtvivlan given.
Det undersammast funtade
har mycket för lätt att brista.
Välsigna du vårt högmod,
som håller in i det sist:
Jag orkar.

● ● ●

Vad hade vi annars, som härdade ut
i livlös öken
och vågade skapa sig själv en tröst
ur overkligt töcken -
som tvang form ur kaos
i kraft av hemlös hetta,
gav gråten toner och skriket ord
och räddade sig i detta:
Jag orkar.

Här väger en våg för att skipa rätt
åt livet och döden.
Hur tung den hänger, smärtornas skål
med våra stympade öden.
Hur lätt den andra med allt som är värt
att eftertrakta.
Lägg dit vårt heliga högmod, Gud
så sjunker den sakta.
Jag orkar.

AVSLUTNING

Kör

Inte det onda ens
kan du förstöra,
du vårt hjärta,
utan att själv dö,
inte en låg demon
tillintetgöra,
utan att drabba dig själv,
eviga frö.

● ● ●

Eviga frö,
För ingen såg dig blomma,
bara gro,
alltid och omigen.
Ändå nog
till mening i allt det tomma!
Livets långa längtan
unna oss än.

Unna oss än
dygnets tyngsta timma,
kval och kvalm,
för gryningsstjärnan är du,
glimtande sval tröst,
skymtande i dimma,
buren på molndrakar
mörka sju.

En form är jag

En form är jag,
men stoffet ureldsflamman.
Brand är min blick
och lågor mina händer.
I rus som skapar
slingrar eldens tungor
omättligt kring det linjespel
som är ditt väsen.

Form också du,
men form som genomglödgats,
eteriserad
lyft ur djupets eldhav -
hägring och bild,
halvskapad och i vardande
- som alla gudar -
bubbla över kaos.

Av alla ting
förgängligast är gudarna,
av alla ting
beständigast är dyrkan.
O bubbla bubbla,
ögonblick och bländverk
och genom elden
evighetens mål!

Odyssevs vid masten

Bind mig, ni krigare,
vid fartygets mast,
dra till repen
säkert och fast!
Bud eller böner
får ingen höra mer.
Dödens frestelse åt mig,
vaxet åt er.

Vax i era öron,
åran i hand -
er kan inga sånger nå
från farornas land.
Tills vi är förbi och ni
löser mig igen,
har ni ingen hövding
och jag inga män.

Kung Agamemnon,
Hellas' hopp,
skulle styrt - med stum vink
och fast öronpropp.
Aias skulle seglat
vid odjurens sång
djärv bland sina djärva
mot undergång.

Alla är de kungar
så länge de kan.

Ingen utom jag är en
ensam man.
Starkare än ära
och makt och befäl
lockar mig det vetande

jag äventyrligt stjäl.
Knappast kan det nyttjas
i vardagstarv,
knappast kan det skänkas bort
och knappt ges i arv.
Bind mig väl, ni krigare,
men lämna mitt öra fritt!
Allt som hörs och syns och känns
ska bli mitt.

Var tyst. Ha tillit

Förtvivlad ropar du:
Var är det visa ordet,
som ensamt läker världens
förgiftade sår?
Och var är tanken,
å ge oss tanken,
som leder ut ur tiderna,
där dödens ande rår!

Var tyst. Ha tillit.
Vårt väsen är ju skapelse.
Vi står ju i djupt förbund
med det som vill bli till.
Din stora förtvivlan
är inte tom ångest,
den har en ton av våndan
i djupen där det vill.

Det blinda mörkret våndas
av hemliga drömmar,
som ingen ser, och ändå
är de nära i allt.
De kan inte sägas.
De kan inte tänkas.
De måste först levas fram
till väsen och gestalt.

Bed inte om ord,
bed inte om tankar,

men bed om del i våndan
från vår rot under jord.
Det Tigande tänker
i kött och blod och vilja
och slungar kanske sist som eld
dig - sitt ord.

Träden

Levande som vi
och långt långt borta,
så vårt ord "förstå"
blir tom rök och vind.
Djupt oåtkomliga
för tankar och för sinnen,
fast er bark känns skrovligt
god mot vår kind.

Ögonlösa lyser ni
i ögonfröjd och blommor.
Genom vilka verktyg
vet ni er prakt?
Genom vilket hemligt,
skapande vetande
har ni del i synernas
och dofternas makt?

Lutande mot stammen
märks vi inte,
slipper inte in i er
innanvärld.
Eller når er, speglad,
en flik av vårt väsen,
för oss själva okänd
och bävansvärd?

Fast vi väl är födda
av samma anor,
ser vi ingen skymt av vår
gemensamhets stund.
Alltför många äventyr
skilde oss sedan,
alltför ovetbar
är vår enkla grund.

Kanske har vi ännu
ett möte att vänta
på den väg, där liv
går tillbaka till mull.
Än en uträckt hand
mellan åtskilda släkten.
Och vi tackar döden för det
sammanhangets skull.

Stoffet, alltid lånat,
ger vi åter.
Smält det till er form,
och tag och giv!
Låt det bytas mellan oss
som vänliga gåvor,
djupa vackra okända
syskonliv!

Hur kan förtröstan leva?

Omkring oss störtar allt,
och mer skall störta,
tills ingen sten är kvar
för att stödja vår fot.
Hur kan du ännu tro,
som inget har att tro på?
Hur kan förtröstan leva
så utan all rot?

Är den själv rot?
Är den själv fröet,
och växer själva världsträdet
fram ur den?
Då är vårt öde lagt
hos tystlåtna hjärtan.
För deras stillhets skull
kan det dagas igen.

För deras helhets skull
kan kaos blomma
av undrens makt - som tiger
men vill bli trodd.
Allt kan slås sönder.
På nytt skall det läkas,
så länge den är levande,
vår innersta grodd.

Kom, allt som växer helt
och genomskinligt självklart,
till oss, vi som räknar
och är på vår vakt,
och lär oss, att den dagen
vi slutar räkna,
den är vårt livs fullbordan
och vår framtidsmakt!

Jul 1939

När julnatten tätnar
knarrar golv och dörr.
De döda sedan urtider
söker oss som förr.
De sitter i vårt hem
och minner oss omsider
att i de gamla tider
var julen först en fest för dem.

"Vi kommer inte med skrämsel,
vi kommer med tröst.
Vi såg er övergivenhet
en lång mörk höst.
Hur gott att vara fler.
Sitt kvar hos oss vid brasan.
Vi kände också fasan,
och vår förtvivlan var som er.

Vi stod med frusna munnar
i världens natt på post,
och rymdens stelnade brunnar
låg isblå av frost.
Vi kände dödens bett.
Och dödssnö låg vida.
Då viskade någon: Bida -
en morgonstjärna har jag sett.

Vi hörde. Vi trodde.
Vi tände bloss i vår nöd.
Och vi stod upp till ljusfest
i mörker och död.
Ni säger: Dårars bloss!
Och om ni kan, så släck dem.
Men lyft dem hellre och räck dem
åt nya släkten ifrån oss!"

*

De tomma fimbulvintrarna
har kvävt allt skri.
Men andlöst lyssnar själarna
de döda och vi.
I någon bortglömd vrå
av världen som förödes,
är det ett barn som födes,
ett löftesbarn på halm och strå.

Människans mångfald

Vacker är en stark kropp,
som klyver en hård bränning.
Vacker, vacker är barnets sömn
efter lekens spänning.

Vacker är arbetsdagen
- hårt bröd, välsignat och brutet -
och vacker en timme, som glömmer i rus
framtid och förflutet.

Oss födde mödrar av himmel och jord
och makter utan ände,
nattliga viljor och viljor av ljus
med namn som ingen kände.

Må inte en av de många
få bli oss övermäktig,
vore hon än av himlens släkt
och lyste hon än så präktig.

I oss är en mångfald levande.
Mot enheten famlar den.
Vi föddes att vara ett brännglas,
som fångar och samlar den.

Stor är människans strävan,
stora de mål hon satt -
men mycket större är människan själv
med rötter i alltets natt.

• • •

Så giv, att vi skyddar ett hemligt rum
och aldrig en låga saknar
på altaret åt en okänd gud,
som kanske i morgon vaknar.

Vi som inte vågar se

De få som vågade vara
- välsignade de! -
stympas och dödas om igen
av oss som inte vågar se.

Mörknade ikoner
av lika och samma mått
hänger de levandes, de brinnandes bilder
trångt bland mycket smått.

Århundraden har slätat
deras sällsamma drag,
som vi nu flitigt slätar
dag efter dag.

Vi filar och förskönar
så gott vi kan och vet,
tills inget skiljer ande mer
från välanständighet.

De unga går och söker
elden som brann.
De går med tomma ögon,
som ingenting fann.

Allt måste de lida om igen.
Stackare de!
Vi spillde de heligas vinning - vi,
som inte vågade se.

Straffängeln talar

Räck mig det döda stycket av ditt liv.
Jag ska nog väcka det.
Nätterna väntar på vårt tidsfördriv.
Vi ska nog knäcka det.
Fast din dag var så blodlöst tom,
kan jag nog tvinga den att blöda,
tvinga den, till skam och dom,
att uppstå från de döda.

Så, när det dagas och du åter tar fatt,
ser du din vinning,
ser du märket av en levande natt
bränt i din tinning -
vittnesbörd om att av nåd du har fått
tillbaka den tid du ville svika
och ändå fått den fylld till sitt rågade mått -
om glädje eller plåga, kvittar lika.

Från dig stal de tanken

Från dig stal de tanken? - Du skrämmer mig, hädare.
Den som vill äga anden är andens förrädare.
Djupt måste själen böjas att stiga i riket in.
Du kanske kan bli sanningens - men sanningen aldrig din.

Dryckesoffer

Över kärvt rött vin böjs tunga pannor.
Det är inte av vin de är tunga.
Det vin som löser våra tankar som mest,
det löser minst vår tunga.

Som en hemlig glöd och en offereld
är kärvt rött vin.
Jag ensam vet, för vilka makter
den röken stiger fin.

Jag ensam vet, ur vilka världar
jag hämtar mitt rus.
Var och en stirrar förbi de andra
och lyssnar till fjärran sus.

Var och en höjer sitt glas mot ting,
som ingen av de andra ser,
i mörka land, där jubel och klagan
knappt har mening mer.

Så höjer jag här mitt röda vin,
min offerglöd i lönn,
mot en smärta som är min och som liknar mest
den eviga förtärande blåsten från sjön.

Myrvandrare

Skumt är mitt land.
Vandrare, vem är du?
Myrvandrare!
Blint ligger mitt land.
Vandrare, vem är du?
Jag känner fotspår fylla sig
med blod ur mitt inre.

Jag ville veta dina händer.
Är de av eld som bränner,
låt mig känna den.
Jag ville veta dina händer.
Är de som svala blad,
så stryk en gång över trädens kval
och låt de döda vakna.

Nietzsche: Den nye Kolumbus

"Genuesare, min kära,
skall man aldrig lita på -
kan ej bindas av det nära,
stirrar alltid i det blå.

Jag är vigd åt vida vatten.
Genua sjönk vid himlens rand.
Hjärtat kallt, och hand på ratten!
Hav och hav - och kanske land?

Färdiga! Bakom oss blinkar
sista gången denna kust.
Framåt! Se, ur fjärran vinkar
oss en död, ett mål, en lust."

Blomman Bitterhet

Blomma blomma Bitterhet,
hur står du nu så full
av guldmogen honung
för all din beskhets skull.
Hur dignar du av skänker,
som ängarnas mandelblomma
väl aldrig kunde bära,
den blidhyllta fromma.

Plåga och välsignelse -
var har väl sin.
Inte vet jag livets mått,
men vet att du blev min.
Din kalk var som eld.
Din saft var som galla.
Du bjöd sju bedrövelser,
och jag drack dem alla.

Blomma blomma Bitterhet,
hur blev du sist så rik
på varmgyllne honung,
som är solljuset lik.
Här står jag, matt av sötman
i din klarnade gåva.
Med Adam vill jag jubla.
Med Job vill jag lova.

Aldrig är skogen lycklig som nu...

Aldrig är skogen lycklig som nu i sol och regn,
aldrig så överflödande av fin lukt och glitter,
aldrig så lekfullt tröstande - mig når den bara inte,
fast jag söker och ber. Min smärta är för bitter.

Drick, mina ögon, guldljus som inte jag själv ser.
Andas djupt, mina lungor, den våta mossans ånga.
Jag är en död sten. Glöm mig, lev för er,
samla i gömda kamrar allt ni lyckas fånga.

Oåtkomligt det rum, där dagens skörd ska mogna
mjuk av skimmer och doft och sus. När stunden är inne
spränger en tätnad prakt sitt gömsle. Över mig störtar
friskt och vilt som ett vattenfall ett smärtans minne.

Vildapel

Hur är det möjligt?
Hur spirade en sådan ljuvlig mångfald,
en sådan frisk och fin och luftig blomsky,
en sådan skog av vridna vilda grenar,
en sådan skrovlig bark med gröna lavar
alltsammans bara
ur en och samma lilla mörka kärna?
Där låg det, allt,
stam, grenar, blad och bark och lätta blommor,
hopträngt i hjärtgestalt.

Men vi är apelns spegelbild i vatten.
Ur rikedomar utan gräns och botten,
ur unga dagars lätta ljusa fruktblom,
ur hundra vägars skog av slingergrenar,
ur enkla barken av ett enkelt liv,
samlas vi långsamt,
tills allting ligger stilla, tätnat, slutet
inom en hjärtekärna...
Hur är det möjligt?

Nu är den väldiga väntans tid

Nu är den väldiga väntans tid
före lövningstiden,
nu darrar träden i sin bristande gloria,
björkarna i purpur, asparna i grönt
och i guldrött bäckarnas viden -
osynliga krafters tid,
då allt är bara födande sköten -
själarna går flämtande tunga,
och skymningen hetsar och tröttar
som måttlösa kärleksmöten.
Nu hukar sig skapelsen till längtans språng -
innan besvikelsen sker,
då skogen är så grön som möjligt
och världen är så färdig som möjligt
och träden och människorna mumlar som i sömnen:
"Vi ville mer."

Hur kan jag säga...

Hur kan jag säga om din röst är vacker.
Jag vet ju bara, att den genomtränger mig
och kommer mig att darra som ett löv
och trasar sönder mig och spränger mig.

Vad vet jag om din hud och dina lemmar.
Det bara skakar mig att de är dina,
så att för mig finns ingen sömn och vila,
tills de är mina

Till dig

Du min förtvivlan och min kraft,
du tog allt liv jag haft,
och därför att du krävde allt
gav du tillbaka tusenfalt.

Min stackars unge...

Min stackars unge, min mörkrädda,
som mött andarna av annat slag,
som alltid mellan de vitklädda
skymtar andra med onda drag,
nu vill jag sjunga sig milda sånger,
från skrämsel löser de och tvång och kramp.
De ber inte om de ondas ånger.
De ber inte om de godas kamp.

Se du skall veta, att allt levande
djupt inne är av samma slag.
Som träd och örter kan det växa trevande -
dras uppåt av sin egen lag.
Och träd kan fällas och blommor bräckas
och grenar tvina med förstörd kraft,
men drömmen gömmer sig - och vill väckas -
i var levande droppe saft.

Du är min själs uppståndelse

Du är min själs uppståndelse
till verklighetsextas,
att luften rör mig het som eld
och syns som ett hav av glas,
och mina ögons makt,
att de domnande förnimmer
hur alla färger flammar ut
i drucket skimmer.

Du är min viljas styrka,
du ger mig en kraft
att vänta och att handla,
som aldrig jag har haft.
Ja mina sinnens hunger,
som hetsar mig och jagar,
blir därför att den gäller dig
ett jubel alla dagar.

Du är mitt livs mognad.
Du gör mig hel.
Ur mitt förgångna samlar sig
var tåga och minsta del.
På hundra skilda vägar
har jag vandrat och trevat.
Nu möts de. Fram mot dig
har jag levat.

Många röster talar

Många röster talar.
Din är som vatten.
Din är som regn,
när det faller genom natten.
Sorlar lågt
sjunker trevande,
långsam, tveksam,
kvalfullt levande.

Skälver som en grund
bakom alla ljud,
sipprar och silar
mot min hud,
sveper sig lent,
sluter mig inne,
fyller mina öron
med viskande minne.

Jag vill sitta tyst
där jag inte kan störa dig.
Jag vill bo och leva
där jag kan höra dig.
Många röster talar.
Genom dem alla
hör jag bara din
som ett nattregn falla.

Din röst...

1

Din röst: i en gammal fruktträdgård en halvt igengrodd gång
med djupa skuggor och bjärt sol och plötslig fågelsång,
en gång av förvildat hemligt liv och sus och ensamhet -
hur äventyrligt ensam och vild är det bara jag som vet.

Och när jag vaknar om natten, då vaknar jag i den,
och jag går vilse i gröngenomskinligt skuggspel igen.
Där bor jag timmar och timmar och vet väl, att vem
du själv vill följa och vart du hör, är här mitt hem.

2

Din röst: jag har hört den i tjugo år, och allt vad du har sagt
har legat sjunket i mig och glömt, men laddat med makt.
Nu hör jag det ord för ord som i går, det fyller natt och dag.
Det var mina ådrors värme. Det var mitt hjärtas slag.
Vad är det för djup i oss, där allt det gångna finns?
Eller är det bara d i t t väsen, d i n röst jag minns?
Du var mitt livs fullbordan. Hur mognade den till slut?
Ett kvävt träd, ett våndans träd, slog äntligen ut.

3

Jag vet det, för alla säger det: din tid är kort
Jag kan inte föreställa mig, att du går bort.
Det finns ingen värld att leva i, där du inte bor.
Min tanke förnekar undret. Men hjärtat tror.

Allting rymmer du...

Allting rymmer du, mer än en dödlig tål.
Du är ljus och mörker i dubbel skål.

Vad den ena skimrar naken och sval.
Pärlemorluft över vatten av blek opal.
Seende, sedda,
dagberedda
gryningar öppnar sakta sitt musselskal.

Men den andra ruvar stilla och skum,
också en mussla, fast djupt där sjön är stum.
Ouppbruten,
sedan skapelsen sluten
värjer den modersömnens hemliga rum.

Allting är du, hela mitt väsens mål.
Du är dagen och natten i dubbel skål.

Linköpings domkyrka

Februari 1938

Altartavlan

I

Sök inte här de dödas tystnad.
Murarna droppar av tidernas vaka.
Valven skälver av levande andar
på väg tillbaka.
Seklernas ring
vänder sig långsamt kring.
Allting är nära. Förgånget
är ingenting.

Den ande, som lyfte sten på sten
lik en tempelstammarnas drivande sav,
har skjutit en gren på nytt.
Från bilderna går ett ljungande sken
av obönhörliga offerkrav,
som fäderna hört och lytt.

Den mannen där med den smala munnen
satt aldrig lycklig vid aftonbrunnen,
då hjordarna böljade trötta hem
och en sorgelösande skymning brann.
Han är elden. Branden bådar han,
gud lika mycket som ung man.
Allt som är hemligt genomskådar han
strängt som bara de unga kan.

• • •

Hög i sin renhets bjärta bågar
bjuder han strid.
Över hans panna lågar
hård ung medeltid.

II

Århundraden i syskontåg,
profet vid profet,
mörkt verkliga mot rymder
av silverluft och intighet.

Så ensamt väsentlig
i skapelsens fantom
bär människan sin tunga själ
till sten i tidevarvens dom. –

Och deras blick är fjärran
hos det som ej förgås,
och deras drag är slutna skrin
med stelnad lidelse till lås.

III

Så tungt slår ljuset
att inget stoft bär det.
Gå bort, ljus! Du krossar
det ler du tar till boning.
Hur många har du hemsökt
sen urtidens dagar -
och alla alla
bad samma bön: förskoning!

• • •

Hur många har du brottats med
och segrat över
och tröstat blott med synernas
förvirrade löften.
Hur många gick i gryningen
från Jabboksvadet
med summan av sitt liv
i den lamslagna höften.

Vi såg deras rörelser
av oskönt lyte
och tänkte: Är det redskap
för ljuset att bruka?
Se, hälsans solljus,
som milt läker världen,
är mäktigt i det friska,
men dessa är sjuka. –

Vi såg deras leende
och kunde inte tyda det,
vi såg deras spår,
som legenderna förtäljer.
Prakt av deras himmel
och prakt av deras helvete
grep oss som ett rus.
Vem vet vad han väljer?

Ja vem vet ännu,
ja vem vet vägarna,
som leder till de vises sten
och livets röda kärnor.
De vågade sin själ.

● ● ●

Så säg, Jabboks väldige,
har du bot åt släktet
under dödsfruktans stjärnor?

Bonaderna

IV

Men så som örterna vecklas ut
där markerna nyss låg tomma,
så vaknade jorden i rymdens vår
och började långsamt blomma.

Ur lummerskogat och ödleslam
kröp livet uppför stupet.
Där ligger ett människobarn på knä
och ser utöver djupet.

Hur växte där vingar i fåglarnas dun?
Hur lyftes kastanjens stake,
som varligt och stolt bär de finaste ljus
högt ovanför orm och drake?

Vi vet om våren, att djupens kraft
kan inte ha tömt sin källa.
Så låt oss förnimma i allt som är
de skapande brunnarna svälla

och släppa som Job på sin plågas hög
rättfärdighetens funder
och luta vårt sjuka och sega hopp
mot undret som än är under.

• • •

Prolog vid en skolfest

Det finns gårdar och planer, som har ljudit så länge
av rop och av skratt och av stojande lekar,
av gälla små röster och målbrottsstämmor,
att ännu i ensamheten stenarna ekar.
Det finns rum, där själva väggarnas trä har sugit åt sig
så friskt ungt liv, att det aldrig kan bli borta,
och kanske av gäspningar och kanske av rädsla,
och kanske av den spänning som gör timmarna för korta -
ja kanske av det andlösa lyssnandets stunder
och upptäckarglädjen inför nya gamla under.
Det finns trappor, som är nötta av släktleds fötter
i otaliga skolor i otaliga länder.
Vilken ström har runnit fram mellan skolornas murar
som en flod väller mäktig mellan vilande stränder!

En flod av ung vårkraft och nya möjligheter,
än sjudande av oro och jäsande frågor,
går fram mellan bräddar, som den själv inte format,
med framtidens frön i sina bullrande vågor.
Och murarna frågar: Är vi bara det gångna?
Är vi hindret, som får kraften att brytas och hämmas?
Är arvet som vi lämnar så övermäktigt
att kanske själva framtiden låter sig dämmas?

Men då susar det ur träden och gräset och regnet:
Det som verkligen är framtid kan ingenting dämma!
Och ur väggarna svarar det med gångna släktens röster:
Det som verkligen är liv, det kan aldrig bara hämma!
Vad vi samlat av rön, av dröm och hopp och vilja

är för dyrbart att dö, när vår levnad är förliden.
Vi bar det till floden, den unga starka floden,
som kanske tar det med sig mot den kommande tiden.
Och bland allt som vi lämnar och allt den tar med sig
finns det mycket som ska sjunka till botten och glömmas,
men det bästa vi fann och det rikaste vi levde
är frön, som har kraft, och ska bevaras och gömmas.

Så knyts i den stora strömmen tanke till tanke
och vilja till vilja, medan timmarna skrider,
tills led efter led släpper händer som de hållit
och går för att ta vid med sin uppgift omsider.
Så knyts här bland lekar och bland läxor och drömmar -
likt länkar i den stora gemensamheten,
som sträcker sig sökande mot allt vi vågar hoppas -
människors barn till hela mänskligheten.

Rädda barnen

Alltför tydligt, skrämmande tydligt
hör vi de spanska krevadernas skrällar.
Jämmer i vinden, gråt i regnet
bryter freden i tigande kvällar.
Mitt ibland självtillräckliga stater
tvingas människorna bittert lära:
jorden har krympt och blivit liten;
aldrig var hela Europa så nära.

Ur den oändliga horisonten
sluter sig rummet trängre och trängre.
Snart nog, när våra barn har vuxit,
finns inga gömslen och avstånd längre.
Ångestfullt, med läpparna slutna,
önskar vi lycka åt deras framtid. - -
Barn, vilkas ögon har drunknat i fasor,
växer att bli deras skugga och samtid.

Pestårhundraden, farsotstider
vältrar sig än en gång över landen.
Giv, att vi en gång må bestånda,
när det gäller vår hälsa i anden!
Skräck och hat och vilddjurets fradga
smyger som pestgift över sinnena.
Den kan tacka, som unnades läka
något sår bland de svåraste minnena.

Tak över huvudet, skydd mot kölden,
brödet som lindrar den nakna nöden,
värmen i handen, ljuset i rösten -
detta är vapen i kamp mot döden.
Allt är som ringar kring stenen: de sprider sig
ut över vattenytorna vida.
Ingen kan veta, hur långt han räcker,
blott att han kämpar på livets sida.

Barnet

Ingen mask, inget frö i vinden
rustas svagare mot livets farlighet,
ingen fågelunge utlämnas
mer hjälplös åt de starkas varlighet.
Vilket vågspel av de dolda makterna
att låta bära sig av mänskobarn
och gjuta vinet över alla viner
i denna skål av tunna tinningsflarn!

Men vi närmar oss i skygg rädsla
barnets ögon, knappast vakna,
i vilket former och färger speglas
överväldigande, nya, nakna -
skaparögon som skall tämja synerna
och långsamt ordna kosmos' hem,
skilja vattnen från valvet ovan
och sätta jordens fäste mellan dem.

Och vi närmar oss i skräck och bävan
de vulkaniska morgongryningar
vilkas utbrott av eld och gejsrar
ännu gungar oss på sena dyningar:
då var dagen djup och evig,
sällsamt mättad med en häftig vår;
outhärdligt brann livet,
som en sol i sina blåa år.

Närmar, närmar oss ångerfulla
de sjunkna länderna, tanklöst lämnade,
vilka gömmer våra kungaspiror
och allt vad Mödrarna till under lämnade -
jordens magiska läkedomar,
spindelvävar i morgondagg,
och den heliga växtkraften -
allt begravet under årens slagg.

Bland de blinda, som söker makten
i det döda förstörande,
vandrar barnet som ett sorglöst leende
av det levandegörande.
Den dag då stålet sviker
och folken ropar efter Ursprungsflödet -
den dagen har barnet segrat,
den dagen vändes ödet.

De lugna stegen bakom

Lyssnar jag, hör jag livet fly
ständigt snabbare nu.
De lugna stegen bakom -
död, det är du.

Förr var du långt borta -
jag höll dig alltför kär.
Nu, när jag inte längtar längre,
nu är du här.

Käre död, där finns i ditt väsen
något som tröstar milt:
vad frågar du efter om man vuxit stor
eller hela livet spillt!

Käre död, där finns i ditt väsen
något som renar klart:
det som är lika hos onda och goda
lägger du blott och bart.

Följ mig och låt mig hålla din hand,
det lugnar djupt och gott.
Det vackra gör du bärande stort,
det fula gör du smått.

Det är som du ville mig något.
En gåva vill du visst ha:
en underlig liten nyckel -
det lilla ordet ja.

• • •

Ja, ja, jag ville!
Ja, ja, jag vill!
Min fromhet lägger jag ner för din fot -
så växer livet till.

På botten av tingen

Jag läste i tidningen att någon var död, någon som jag kände till namnet.
Hon levde, som jag, skrev böcker, som jag, blev gammal, och nu är hon död.

Tänk att nu vara död och ha lämnat bakom sig allt,
ångest, fasa och ensamhet, och den oförsonliga skulden.

Men en stor rättvisa ligger gömd på botten av tingen.
Alla har vi en nåd att vänta - en gåva som ingen rövar.

Där slagrutan viker sig

Där slagrutan sänker sig
går källådern fram:
en knutpunkt för ödet,
en allvarsam.
Fly inte bort i drömmar
om rikare jord.
Här är din grund, och makterna
har sagt sitt ord.

Det händer, om du gräver här,
att ljunghedens mark
kan vattnas till en lustgård
och lövrik park.
Det händer kanske också
att din möda blir lönt
med några mörka revor
av vintergrönt.

Det ena som det andra
har ringa vikt
mot att du rör ditt eget ödes
levande skikt,
där ond makt bryts,
där skapelse sker,
där du och världen växer
till mer.

Tro inte dina drömmar
ska sannas till sist.
Tro inte du ska få igen
de ängar du mist.
Där slagrutan sänker sig
bor sträng hemlighet.
Där händer ingenting av det
du väntar och vet.

Dra skon av din fot.
Var still, slå vakt.
Här unnas dig ett möte
med födelsens makt.
Hur djup jäser jorden.
Hennes själ är som din.
Här öppnas dig en väg
dit in.

Så drivs vi...

Så drivs vi, vilsna själar, fram
från lägerbål till lägerbål,
vet ingenting om nästa rast
och ingenting om resans mål -
vet, att här växlar natt och dag,
tung kväll och väldig soluppgång,
och att vår resa än syns kort
och än för obarmhärtigt lång.

Jo, vi vet mer: en sömnlös natt
lyssnar vi tyst i hemlig skräck
in i vårt inre, till ett sorl
som av en underjordisk bäck
eller en snäckas svaga sus,
där ändå hela havet hörs,
och i vår bävan slutar vi
att fråga vilken väg vi förs.

Så drivs vi, vilsna själar, fram
från lägerbål till lägerbål,
vet ingenting om nästa rast
och ingenting om resans mål,
men känner att vårt hjärta dras
oemotståndligt utan val
in mot ett okänt hemmets hav,
som sorlar djupt i snäckans skal.

De mörka änglarna...

De mörka änglarna med blå lågor
som eldblommor i sitt svarta hår
vet svar på underliga hädarfrågor -
och kanske vet de var spången går
från nattdjupen till dagsljuset -
och kanske vet de all enhets hamn -
och kanske finns det i fadershuset
en klar boning, som har deras namn.

Efter döden

"Hur känns det, när man får vingar, då man är död, säg, mor?"
"Först kröker ryggen på sig, den växer så bred och stor.

Sen blir den tyngre och tyngre. Det är som man bar ett berg.
Det rister och det brister i revben och kotor och märg.

Så rätar den upp sig med ett ryck och bär allt, allt.
Då vet man, att man är död nu och lever i ny gestalt."